ちくま新書

長い老後のためのお金の基本

——年金・貯金・投資がわかる

横山光昭
Yokoyama Mitsuaki

1476

長い老後のためのお金の基本――年金・貯金・投資がわかる【目次】

はじめに

†平均ではなく、「自分の場合は」で考えることが大切

二〇一九年、金融庁のワーキンググループが発表した「老後二〇〇〇万円問題」は、世間を騒がす大問題になってしまいました。

この問題をざっくり言いますと、「老後二〇〇〇万円問題」とは、（定年後、年金収入に頼り）平均的な支出をしている高齢夫婦が九五歳まで生きた場合、年金だけでは生活資金が足らず、あと二〇〇〇万円が必要になるというものです（図表①）。

その金額を聞き、「そんなお金、持ってない！」と、いっせいに悲鳴に似た声があがったわけです。

以来、「二〇〇〇万円」という数字がひとり歩きして、あちこちで「二〇〇〇万円、持ってる？」「持ってない」という会話がささやかれるようになりました。

【図表①】高齢夫婦無職世帯の一月の収入・支出
（夫65歳以上、妻60歳以上の夫婦のみの無職世帯）

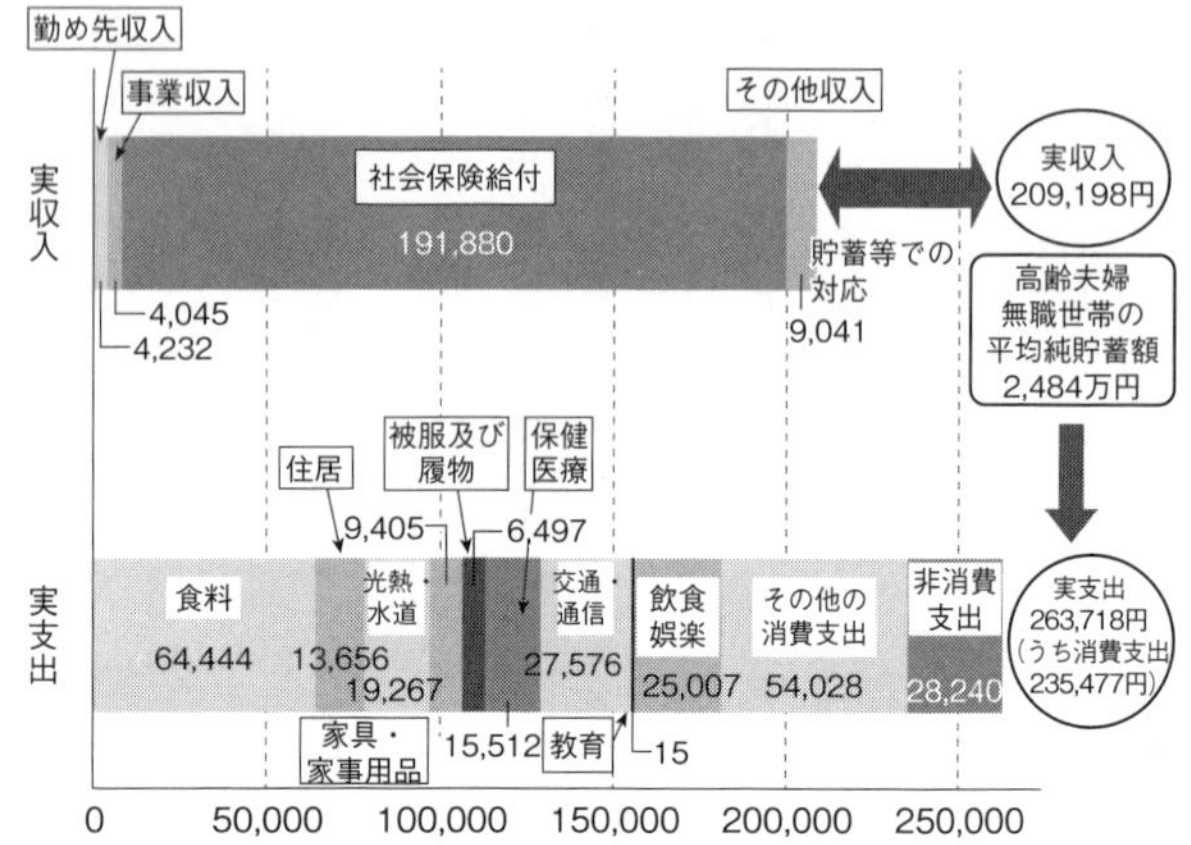

総務省「家計調査」（2017年）より

ファイナンシャルプランナーをしている私のところにも、相談者の方が今までにもまして来られるようになりました。

ただ、その多くが、自分がもらえる年金額をよく知らなかったり、毎月の生活費をきちんと把握していなかったりする人たちだったのです。

「何かよくわからないけれど、みんなが足りないと言っているから、足りないんだろう」とか「二〇〇〇万円持っていないと、老後は生きていけないらしい」など、焦っている人が多かったのですが、何も考えずに世間のうわさに流されるのが一番よくありません。そうした〝思考停止〟状態から、詐欺にひっかかったり、投資で大損したりといったお金にまつわる失敗も始まるのです。

そもそも私から見ると、「二〇〇〇万円問題」に代表される「老後貧困問題」は、必要以上につくられたり、あおられたりしている部分も多いように思います。マスメディアがセンセーショナルにあおれば、それだけ視聴率が取れたり、本や雑誌が売れたりというメリットがあるからでしょう。こうしたつくられた情報に踊らされてはいけません。

どんなときも、「自分の場合はどうなのか」という「自分軸」で考えることが大切です。昔から言い古された言葉ですが、「人は人、自分は自分」。人は二〇〇〇万円足りなくても、自分の場合は二〇〇〇万円も必要ないかもしれないし、あるいは、もっと必要かもしれないのです。

あくまでも「自分の場合」は、ということを軸に考えていただけると、世間のうわさにいたずらにまどわされずにすむと思います。

†人が足りないから、自分も足りないとは限らない

先日も、こんなご夫婦が相談に来られました。長くメーカーに勤めて、七年後に定年を迎えるご主人（五八歳）とパート勤務の奥さま（五六歳）の二人です。

貯金が一〇〇〇万円ちょっとしかなく、とても今からあと一〇〇〇万円貯蓄するのは無理だと、ご主人は青い顔でおっしゃるのです。でもご夫婦の「ねんきん定期便」を見せていただくと、ご主人が六五歳のとき、夫婦合わせて月額三二万円の年金がもらえることになっています。(ご主人二六万円＋奥さま六万円＝三二万円)。

現在のご夫婦の生活費は、月三〇万円くらい。ということは、これから先、よほど突発的なことが起こらない限り、貯金に手をつけずとも、いちおう年金だけで生活できる恵まれたご夫婦だった、というわけです。

しかし、二人とも「ねんきん定期便」の見方自体がよくわからず、年金がいくらもらえるのかもわからなかったのです。悲観するほどではない貯蓄と生活費に足りる年金があるにもかかわらず、「二〇〇〇万円」の風評に踊らされて、いたずらに不安な毎日をすごされてしまったのです。

「あんなに心配していた日々を返してほしい」と、ご主人がおっしゃっていた言葉が印象的でした。

こういう方は世間にけっこういらっしゃるのではないでしょうか。きちんとした企業に勤めていて、かりに退職金が二〇〇〇万円出るとすると、貯金が一〇〇〇万円もあれば、年金の不足分を十分補っていけます。

あるいは、持ち家の方で生活費だけ負担すればいいご夫婦なら、二人で月二〇万円で生活ができれば、年金だけで暮らせる上に、さらに貯金さえできることもあります。

要するに、人は人、自分は自分。モデルケースを見て、あれこれ心配するのはまったくのナンセンス、時間のむだというものです。

あくまでも自分の場合はどうなのかを軸に、「自分がもらえる年金」「自分が一カ月に使う生活費」「退職金の予定額」などといった数字をできる限りあきらかにして、老後の備えについて考えていく必要があります。

†目をキラキラさせていたあのおじいさんを見習え!

もちろん、世の中には大企業にお勤めの方ばかりではありませんから、老後は国民年金しかなく(国民年金は満額支給でも月六五〇〇〇円ほどしかもらえません! 〈令和元年度〉)、手持ちの貯金も少ない人もいるでしょう。

となれば、ますます「自分の場合は」どうなのかを考えていかなければいけません。かりに、老後に必要なおおよその数字が三〇〇〇万円とか五〇〇〇万円となったとしましょう。でも、「ああ、とても無理だ〜」と言って投げやりになることはありません。

あきらめなくても、全然いいのです。これからまだ働くのですから、三〇〇〇万円、五〇〇〇万円までいけなくても、今から支出の見直しをしていって、三〇〇〇万円でも五〇〇万円でも貯めておけば、老後は全然違います。

「ゼロか一〇〇か」で考えるのではなく、二〇でも三〇でもいい。やれば必ずお金は貯まるのですから、今からそれをやりましょう！

私が声を大にして言いたいことはひとつだけ。何歳になっても、貯金を始めるのに「もう遅い」はない、ということです。

先日、新潟県の燕三条（つばめさんじょう）というところに講演に行って、とても素敵な光景を目にしました。参加者の中に八〇歳くらいの職人風のおじいさんが来ていたのです。その方が、目をキラキラさせながら私の話を聞いていました。そして、熱心にメモを取られていたのです。私は「素敵だなあ」と思わず見とれてしまいました。その姿が、とても輝いているという感じがしたからです。

八〇歳になっても、まだ全然、学ぶことをあきらめていないおじいさん。これからのことを考えて、前向きに何かやろうと取り組んでいるその姿勢は感動的ですらありました。「生きる」とは、まさにそういうことだと思うのです。

世の中にはまだ若いのに、「お金のことなんて、全然考えていません。もうあきらめています」という人もいます。それに比べると、八〇歳のおじいさんのほうが、はるかに生き生きと今を〝生きている〟という感じがします。

「お金のことばかり言うのは好きではありません。お金より大事なものがたくさんあります」と言う人もたくさんいます。たしかにそうです。そうですが、「お金より大事なもの」という抽象的なものと比較していても話は前に進みません。

生きていくのに必ずお金は必要です。自分自身を大切に思うのなら、何歳になってもあきらめず、お金のことにしっかり向き合い、自分とお金のことを考えていきたいものです。

この本を手にとってくださったみなさんは、今、まさに燕三条のおじいさんのように前向きなスタートラインに立ったといえます。貯金がゼロでも、老後のことを何も考えていなくても、今、この時点から始めればいい。どんなこともけっして遅すぎることはありません。さあ、これからみんなでがんばりましょう。

序章

データでみる私たちの未来

——長生きというリスクにどうそなえるのか

†これからは二人に一人が一〇七歳以上生きる時代に

いきなりですが、ちょっと興味深い数字をあげてみたいと思います。

今から五〇年前、一九七〇年の日本に、ある人間がちょうど三〇〇人くらいいました。どんな人たちだと思いますか？

講演会でこの質問をすると、みんな考え込んでしまいます。「億万長者の数ですか？」とか「エイズで亡くなった人の数ですか？」などと答える人もいます。

正解を言いましょう。三〇〇人とは一〇〇歳以上のお年寄りの数です。今から約五〇年前、一九七〇年の日本には一〇〇歳以上のお年寄りはたったの三一〇人しかいなかったのです。北海道から沖縄まで、日本全国津々浦々探しても、一〇〇歳を超える高齢者は、たった三一〇人！　なんと希少価値だったことでしょう。

それから二〇年後の一九九〇年、一〇〇歳以上のお年寄りは何人になったと思いますか？　講演会で質問すると、だいたい「一〇〇〇人くらい」という答えが多いものです。

正解は三二九八人。二〇年で三〇〇〇人を突破するまでに、一〇〇歳以上のお年寄りは

【図表②】これからの時代、リタイア後の人生は、長くなる

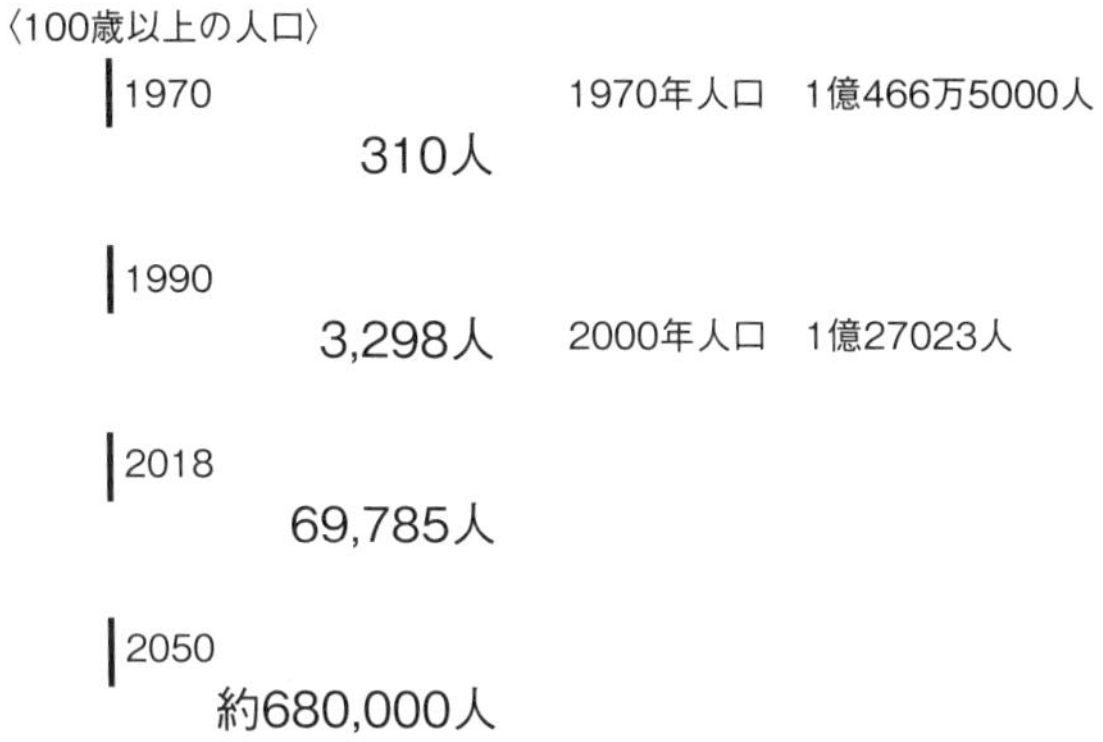

〈100歳以上の人口〉

年	100歳以上の人口	
1970	310人	1970年人口　1億466万5000人
1990	3,298人	2000年人口　1億27023人
2018	69,785人	
2050	約680,000人	

※国立社会保障・人口問題研究所（平成29年推計）より

増えています。さらに最新の二〇一八年の人口統計を見ると――一〇〇歳以上の高齢者は六万九七八五人もいます。ほぼ七万人にまで増えているのです。

三一〇人だった時代と比べると隔世の感があります。しかしこんなことで驚いてはいけません。二〇五〇年にはどうなっているのかというと、一〇〇歳以上の人は六八万人になると予測されています（国立社会保障・人口問題研究所〈平成二九年推計〉より図表②）。

もちろんこれは予測ですから、「そんなにはならないだろう」と楽観的にみる人もいます。一方で六八万人よりもっと上を行くんじゃないか、というデータもあります。

未来は不透明です。

ちなみに、ベストセラー『LIFE SHIFT——一〇〇年時代の人生戦略』（東洋経済新報社、二〇一六年）の著者であるロンドン・ビジネススクールのリンダ・グラットン教授によると、二〇〇七年生まれの日本人の二人に一人は一〇七歳以上生きるそうです。

ということは、六〇歳で仕事をやめると、残り四〇年。七〇歳まで働いたとしても、あと三〇年はリタイア後の人生を生きていかなければなりません。

三〇年四〇年とひとくちにいっても、かなりの長さです。江戸時代に生きていれば、もう一回、人生が最初からできるくらいの年月です。成人式が二回できるくらい、と言ってもいいでしょう。

リタイア後の人生はどんどん長くなっています。私たちはまさに一〇〇歳まで生きる長寿のリスクに直面しています。リタイア後も、成人式を二回も行えるような人生にどう対応していくのか。のんびりしているひまはありません。

†国が助けてくれるだろう、というのは幻想

おどかしてばかりでもうしわけないのですが、もうひとつ、こちらの図を見てください。

【図表③】日本の人口ピラミッドの推移

・人口のボリュームゾーンが65歳以上に集中する一方、少子化が顕著に。

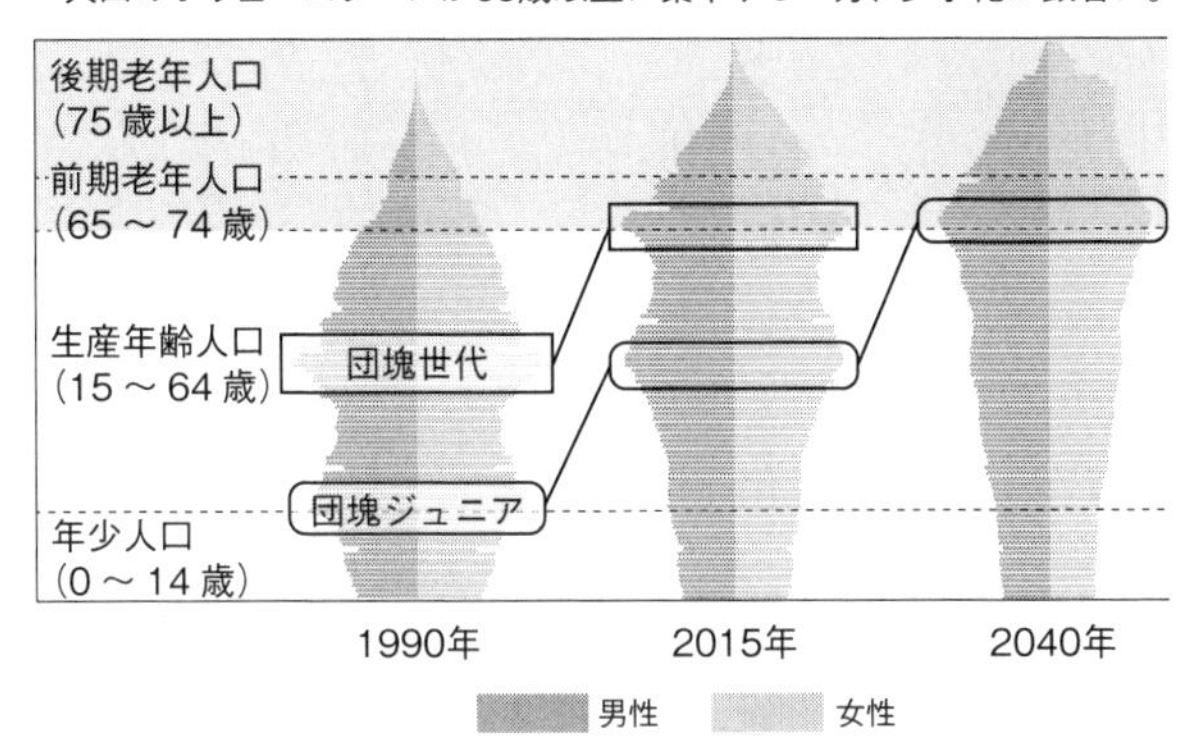

※国立社会保障・人口問題研究所　人口ピラミッドより

厚労省が出した日本の人口ピラミッドの推移です（図表③）。

人口のピークがどの年代に来るのかを示したものなのですが、人口がもっとも多いボリュームゾーンに注目すると、最多人数の「団塊の世代」が、二〇一五年には高齢者世代に突入したことがわかります。

さらに「団塊の世代」が生んだ子どもたち、すなわち「団塊ジュニア」も二〇四〇年には高齢者の仲間入りをします。私も団塊ジュニア世代ですので、二〇四〇年には六五歳超の前期高齢者になっているわけです。

ちなみに六五歳以上の人が二一％を超えると、もう「超高齢化社会」と定義づけられるそうです。日本はかなり前、二〇〇五年から六五歳以上の人が二一％を超えていますので、私たちは、もうとっくに「超高齢化社会」のまっただ中で生きているのです。

一方で、生産を支える働き盛りの人口やその予備軍となる子どもたちの人数をみると、減少する一方です。日本の人口ピラミッドは、二〇二〇年、二〇四〇年と年代が進むにつれ、若者や子どもが少なくなり、人口が先細りになっていく逆三角形型を描いているのがわかります。


これからは超少子化、超高齢化時代が加速していくばかりです。六五歳以上の高齢者は増え続け、加えて子どもも生まれない……。人生一〇〇年時代といわれる現在の日本の課題は、まさにこの「超少子化」「超高齢化」社会にあります（図表④）。

参考までに、年金、医療、福祉など、国が社会保障に使うお金の推移を見てみましょう（図表⑤）。一〇〇歳以上のお年寄りが三〇〇人ほどしかいなかった一九七〇年代は、社会保障給付費は三・五兆円でした。これが三〇年後の二〇〇〇年には七〇兆円、二〇一七年には一二〇兆円にまでふくれあがっています。

三・五兆円から一二〇兆円へ！　国家予算で、この規模で増え続けるものはほかにないでしょう。この先、さらに社会保障に使われるお金は右肩あがりで増えていきます。

しかしながらそれを支える生産年齢人口、つまり若者たちは減っていく。つまり国の収支でみると、収入より支出が完全に上回ってしまいます（図表⑥）。

こうなると、もはや国がなんとかしてくれる、という時代ではないことがわかります。なんとかしたくても、収入がないのですから、どうしようもありません。

「一〇〇年安心、と誰かが言ったじゃないか」と怒ってみても始まりません。どうあがいても、国が助けてくれないのは動かしがたい事実ですから、私たちは自分で自分の将来を守らなければなりません。すなわち、自分の生活を支えられる「強い家計」をつくっていかなくてはいけないのです。

†やるべきことはたった三つ

そのために、どうしたらいいのか。やるべきことはとてもシンプルです（図表⑦）。

（1）収入を上げる
（2）支出を抑える
（3）資産を増やす

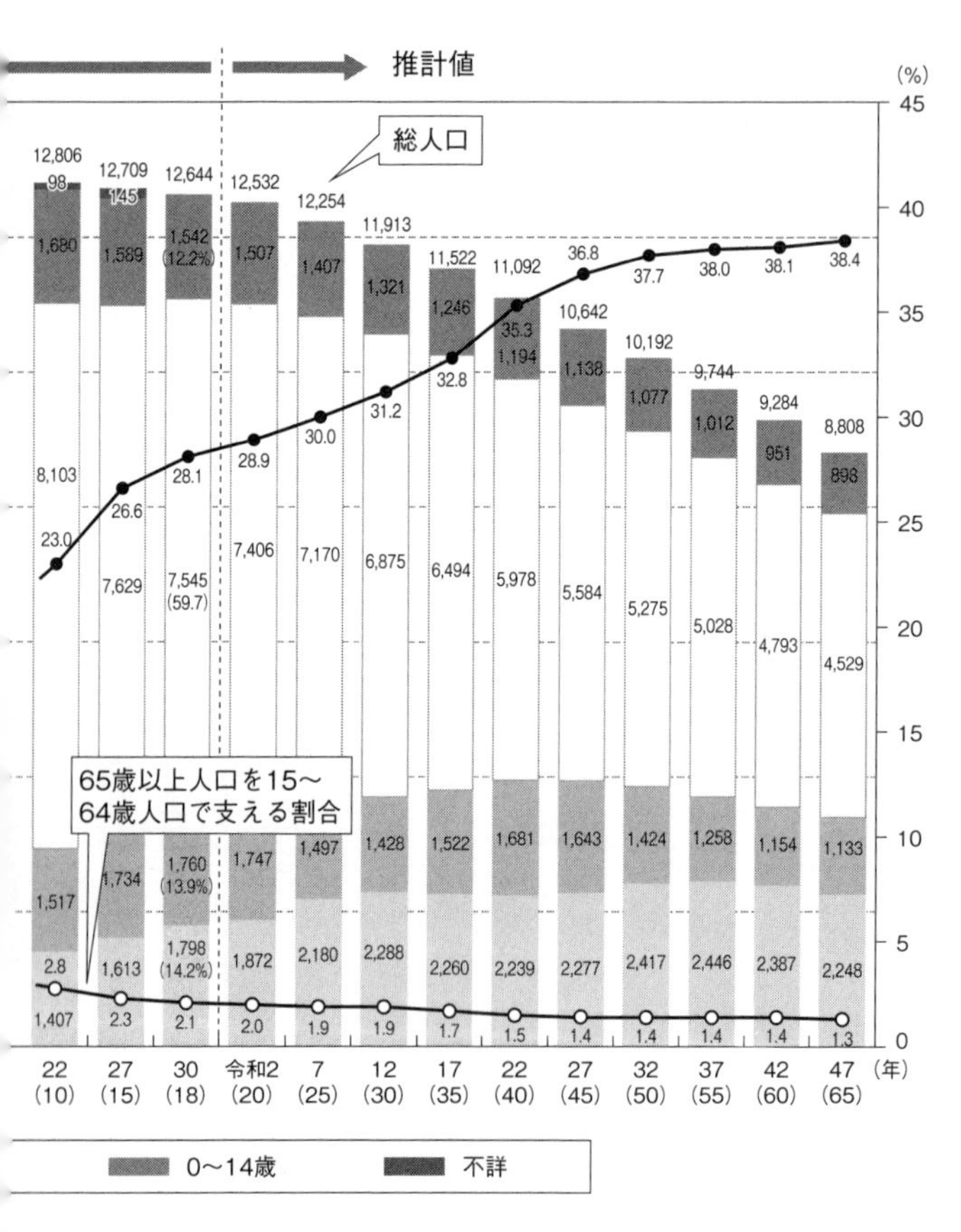

（注2）年齢別の結果からは、沖縄県の昭和25年70歳以上の外国人136人（男55人、女81人）及び昭和30年70歳以上23,328人（男8,090人、女15,238人）を除いている。
（注3）将来人口推計とは、基準時点までに得られた人口学的データに基づき、それまでの傾向、趨勢を将来に向けて投影するものである。基準時点以降の構造的な変化等により、推計以降に得られる実績や新たな将来推計との間には乖離が生じうるものであり、将来推計人口はこのような実績等を踏まえて定期的に見直すこととしている。

【図表④】高齢化の推移と将来設計

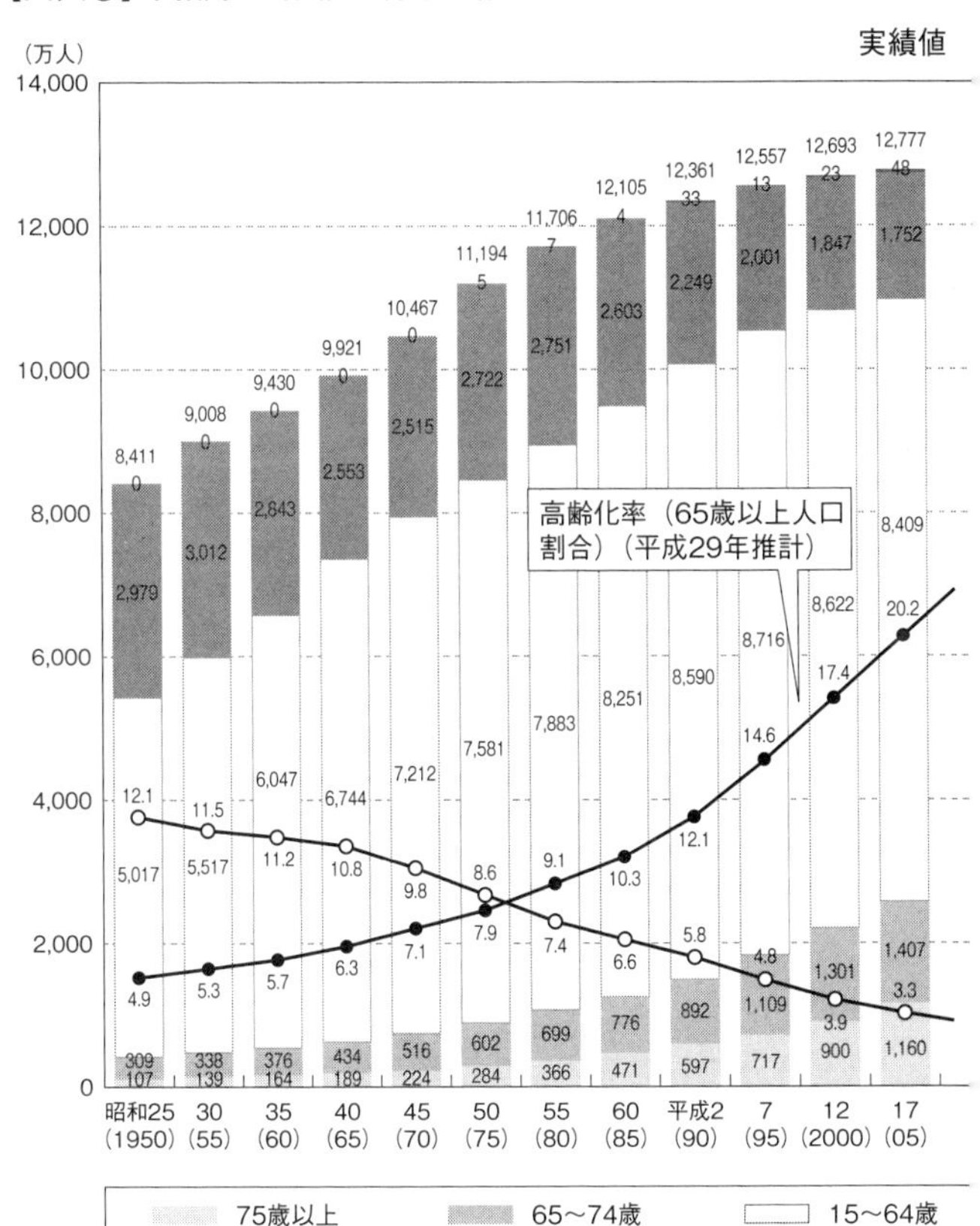

資料：棒グラフと実線の高齢化率については、2015年までは総務省「国勢調査」、2018年は総務省「人口推計」（平成30年10月１日確定値）、2020年以降は国立社会保障・人口問題研究所「日本の将来推計人口（平成29 年推計）」の出生中位・死亡中位仮定による推計結果。

（注1）2018年以降の年齢階級別人口は、総務省統計局「平成27年国勢調査　年齢・国籍不詳をあん分した人口（参考表）」による年齢不詳をあん分した人口に基づいて算出されていることから、年齢不詳は存在しない。なお、1950年～ 2015 年の高齢化率の算出には分母から年齢不詳を除いている。

【図表⑤】社会保障給付費の推移

長生きすることは良いことですが……こんな課題も。
・2017年までの社会保障給付費（年金・医療・福祉その他）の推移は、年金・医療・福祉ともに増え続けている。

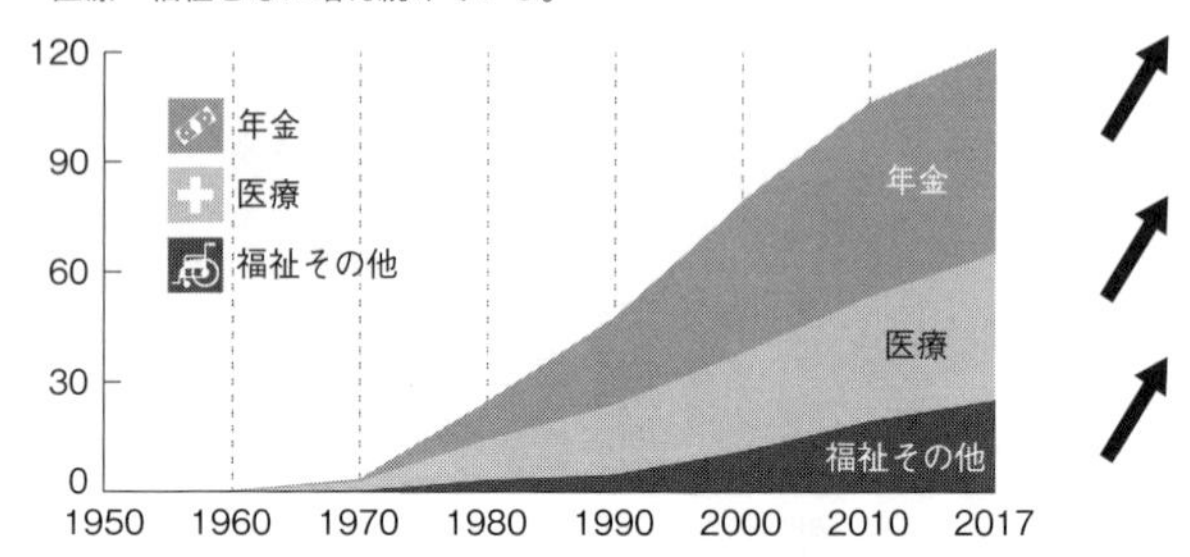

資料：国立社会保障・人口問題研究所「平成27年度社会保障費用統計」、2016年度、2017年度（予算ベース）は厚生労働省推計、2017年度の国民所得額は「平成29年度の経済見通しと経済財政運営の基本的態度（平成29年1月20日閣議決定）」
（注）図中の数値は、1950、1970、1980、1990、2000及び2010並びに2017年度（予算ベース）の社会保障給付費（兆円）である。

【図表⑥】

生産年齢人口が減り続けているので、

国の収入 < 国の支出

国がなんとかしてくれる、という時代ではない

【図表⑦】将来のためにできること

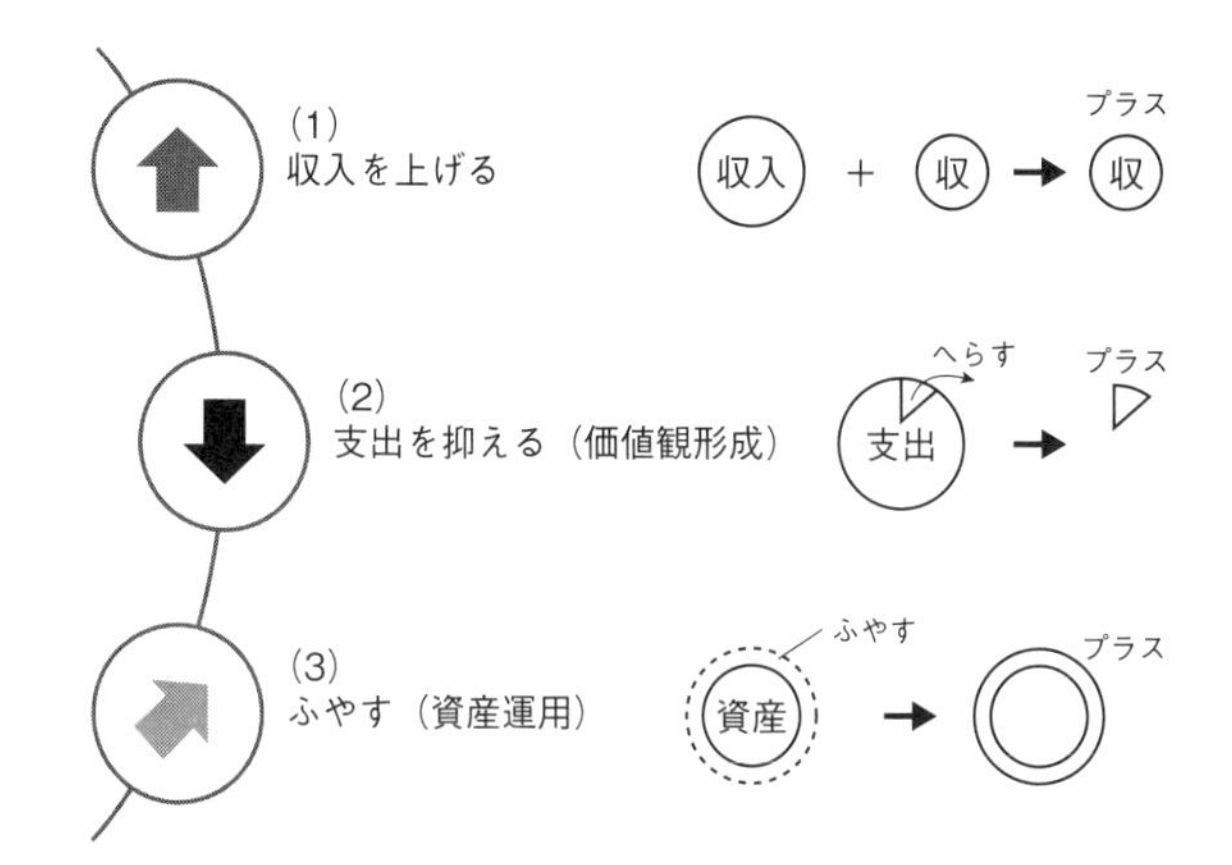

この三つだけ。理想は（1）（2）（3）の全部をやることですが、最初からいきなりハードルを上げるのはたいへんですので、まずはこのうちの一つだけでも実行できれば上出来ということにしましょう。

みなさんの家計もこの三つ、もしくは三つのうちの一つまたは二つでも実行できれば、いくらでも立て直すことができると考えてください。あきらめることはまったくありません。やりようはいくらでもあるのです。

お金にまつわる行動でうれしいのは、なにかすれば確実に変化がおとずれることです。なにもしなければゼロですが、なにかを行動に移せば、それだけの効果が必ず期待できます。

まず（1）の「収入を上げる」ですが、これはもっともシンプルな将来への対策です。リタイア後もなるべく長く働き続ける、あるいは専業主婦の女性もパートに出る。それだけで世帯の生涯年収は大きく違ってきます。

知り合いが、「定年後も会社に残って再雇用になると、ほぼ同じ業務で月収が三分の一くらいになってしまう。馬鹿らしくてやっていられない」とぼやいていました。しかし私から言わせると、とんでもない話です。おそらく業務量や責任は、減っているでしょう。そう考えると、たとえ現役時代の半分しかなくても、定期収入があることは、「安心老後」への大きなアドバンテージとなります。


かりに再雇用の月給が毎月二五万円で、五年間、働いたとします。二五万円×一二カ月×五年間＝一五〇〇万円。会社が負担してくれる社会保険料なども考慮しますと、実質一六〇〇万円近い収入を得られると考えていいでしょう。

パートの収入でも、ばかにできません。月額五万円のパート収入だとしても、五年続ければ三〇〇万円が貯まります。私の八〇歳になる母親も、いまだに働いています。お店の手伝いやちょっとした掃除などの軽い仕事ですが、それでも月五万円になるそうです。年金以外に、毎月五万円が入ってくるのは大きいと思います。

なにもせずにお金だけ消費するのか、少しでも働いてお金を貯めるか。結論はあきらかではないでしょうか。

高齢化社会になって、いいことが一つだけあります。それは働く年齢層が上がってくることです。体さえ健康であれば、意外と働く場所はあります。できるだけ長く働く、ということが「安心老後」へのもっとも効果的で、確実な戦略です。

†一日五〇〇円のむだを節約するだけで、これだけの効果が

もっとも、現在サラリーマンとして働いている方は、毎月の給与が決まっているので、それ以上に収入を増やすのは難しいでしょう。

しかし、(2)の「支出を抑える」は、どんな人でも、今日からでも、今からでも始められます。

そもそも「老後二〇〇〇万円問題」でも、毎月五万円の赤字を半分に縮小できれば、不

足額は二〇〇〇万円から一〇〇〇万円に減ります。月二万五〇〇〇円の節約なら、やりくりすればできない額ではありません。

「節約ばかり考えて、ケチケチ暮らしたくありません」という人が多いのですが、なにもしないでいると、老後にいやでもケチケチした暮らしを始めなければならなくなります。

今、自分の意志で、前向きに節約に取り組むのか、老後、やむにやまれぬ状況に追い込まれて、いやいやながら節約生活を強いられるのか。私なら、迷わず前者を選びます。

それに、「支出を抑える」生活は、それほどみじめでも、ストレスフルでもありません。実は私にも、「支出にも目を光らせて節約するなんて、味気なくてつまらない。そんなことより、稼いで収入を増やすほうがずっと楽しい」と思っていた若い時期がありました。でも、とんでもない間違いでした。

コツコツと節約し続けてきた人たちが、年月を味方につけて、大きな成果を手に入れているのを目の当たりにしたからです。

イソップ童話にも「アリとキリギリスの話」があります。若いころからコツコツと節約してきたアリは「老後」という厳しい冬の季節を、温かい部屋とたっぷりの食糧で幸せにすごすことができました。

一方、なにも考えずに、消費と浪費をくり返していたキリギリスは、年老いてから寒風吹きすさぶ屋外で、満足な食糧もなくすごすはめになりました。

アリは幸せな未来が見えていたからこそ、喜んでコツコツと働いていたのです。

「自分はキリギリスだった！」――そう気づいた人も、遅くありません。今日からアリになればいいだけです。気づいたときから家計を見直し、節約できるものを節約すればいい。なにしろ老後は長いのですから、節約し続ければ年月を味方にして、必ず結果が得られます。

たとえば、タバコ代に毎日五〇〇円使っている人がいたとします。今日からタバコをやめれば、一月一万五〇〇〇円、年間一八万円、一〇年で一八〇万円、三〇年で五四〇万円を節約したことになります。

あるいは用がないのに立ち寄りしているコンビニに行かないとか、週何回かは、ランチは家からお弁当を持っていくとか。それだけで積もり積もって何百万円ものお金の節約になります。

節約はそれくらいの努力で十分やれるものです。目くじらたてて、神経をすり減らし、一円、二円の支出に目を光らせなくても大丈夫です。

余談になりますが、二〇一九年の秋、消費税が八％から一〇％に上がりました。二％のアップがとても苦しい、とみなさん、こぼしていました。しかし、増税前に消費税アップによる負担を軽減税率やポイント還元等を考慮せず、私が単純計算で試算したところでは、毎月の負担増は、給料三〇万円の人の場合で、四〇〇〇円くらいの金額でした。

その四〇〇〇円を、「四〇〇〇円も増えたのか！　だから苦しいんだ」ととらえる人もいるでしょうが、一カ月四〇〇〇円であれば、やろうと思えばいくらでも節約できる範囲です。なぜって、一日約一四〇円だけ節約すればいいのですから。

ペットボトルの飲み物を一本買わないだけでいいのです。「支出を抑える」とは、そうした毎日の小さな積み重ねを続けていくことをいうのです。

✝投資をしなければ、資産は目減りしていくだけ

「安心老後」にそなえるシンプルな方法（1）（2）（3）の中で、もっともハードルが高

そうなのは、（3）の資産を増やす＝投資をするということです。

「投資」と聞いただけで、「難しそう」「損しそう」「危険だ」とアレルギー反応を示す人がいますが、実はいちばん難しそうな（3）は、今の時代にお金を貯めるなら、ぜひ取り組んでほしいと思うことです。

どうすればいいのか、具体的な詳細は第四章でふれますので、おいおいお話しするとして、ここでは、なぜ（3）に取り組んでほしいと思っているのか、についてだけお話ししたいと思います。


昔と今ではお金の貯め方が違います。昔は貯金していれば、お金は安心でした。かつては銀行や郵便局の金利が五％や八％をつけていました。八％の金利で一〇年預ければ、利息もいれて元本が約二倍になります。今からすると信じられない話です。

私の親もお金が貯まれば、すぐ郵便局に持っていって預けていたものです。保険の利回りもとてもよかったので、「保険で貯めよう」という戦略も可能でした。

その後、日本はデフレ時代に突入しました。デフレの時代でも、貯金は有効なお金の貯め方でした。デフレでは、ものの価値が下がって、お金の価値が上がります。ですから、利息五％、八％の時代にはかないませんが、とにかくキャッシュでお金を持っていても、まるで利息がついているように自然にお金の価値は上がっていったのです。

そういう時代に生きてきましたので、私の母親は今でも私に「ちゃんと貯金しているかい？　余ったお金は銀行か郵便局に貯金しておかなきゃダメだよ」と言います。今のシニア世代にはそのころの価値観や常識をひきずっている人がたくさんいて、とりあえず、元本保証の貯金をしておけば大丈夫だろうと思う人が少なくありません。

しかしこれが大間違いなのです。もちろん貯金はしていてかまいませんが、昔のように全部のお金を貯金に回していては、資産は目減りしていくだけです。なぜなら、

（1）金利がとても低い

普通預金の金利は今〇・〇〇一％（！）しかありません。こんな時代では、昔のように預けていればお金が増えていくどころか、不用意にATMを使ったり、送金をして手数料がかかったりしてしまえば、あっという間にマイナスになってしまいます。

（2）これからインフレに向かっていく

時代は通常であれば、インフレに向かっていきます。もちろん少し前の日本のデフレ時代のように、一時的にデフレが続くことはあるかもしれませんが、長い目でみれば、ものの値段は上がり、お金の価値は下がっていきます。ですからお金をそのまま置いておくと、どんどん目減りしていきます。

わかりやすい例をあげましょう。みなさんが新入社員のころ、初任給はいくらでしたか？　そして今の新入社員の初任給はいくらでしょう？　みなさんの初任給で、今、一カ月生活ができるでしょうか。

あるいは、切手代や地下鉄の初乗り運賃を考えてみましょう。これらの金額は三〇年前と比べると、今は倍になっています。これだけとってみても、お金の価値が下がっていることがわかります。

よく保険会社の外交員が、貯蓄性の保険をすすめるときに使うセールストークがあります。「三〇年保険料を支払っていただけたら、トータルの支払額が一〇〇〇万円ですが、満期金は一二〇万円になります。貯金より断然お得ですよね」。

一見、一〇〇万円が一二〇万円になるのは得な気がします。でも、そもそも三〇年たてば物価が上がり、一〇〇万円の価値がものすごく下がる可能性があります。そうであれば、かりに一〇〇万円が三〇年後に一二〇万円になったとしても、ほとんど意味がないのです。

また、お金が入り用の時に使うことができないという流動性の悪さがあります。三〇年解約せずに、一〇〇万円を塩漬けする無意味さを理解しましょう。

†リスクをとらないリスクもある

やりくりや節約をして、毎月コツコツ貯金していくことは大切ですが、それだけでは限界があります。これからは年金の支給額も減っていくでしょう。反対に物価は上がっていくという、前述したようなインフレに向かっていくでしょう。貯金だけで長い老後を生き抜くのは難しいと考えられます。

貯金だけでは、知らないうちにお金が減っていくのです。ですから貯金だけでなく、それにプラスして「運用」という知識が不可欠です。

これからは「投資」という掛け算を少し加えないと、資産を守れない時代になっていま

【図表⑧】これからは、老後は長くなる。

人生100年時代・・・

普通預金の金利 0.001%…

インフレーション（物価上昇）

・安心な老後生活を送るためには、最低でも90歳まで、長くて100歳までの人生設計を立てていく必要がある。

やりくりや節約で、毎日コツコツ貯金していくことも大切だけど、それだけでは限界がある。

リタイア間近になって焦っても遅い！

資産運用をしないという選択肢は「今」はないのです

す。人生一〇〇年時代を生きるためには、「投資」をしないという選択肢は今はもうない、と私は思っています（図表⑧）。

参考までに朝日新聞が作成した「資産寿命を延ばすため、年代別に考えるべきこと」のグラフがとてもわかりやすいので紹介します（図表⑨）。

点線は現状のまま、投資をせずにいた場合。もし五五歳で早期リタイアして退職金をもらい、働かなければ、預貯金などの資産は八〇歳すぎに枯渇すると予測されていることがわかります。

しかし六〇歳前後で退職し七〇歳まで働けば、その年まで預貯金を取り崩さずにすむ可能性が高まります。資産寿命は五五歳

【図表⑨】人生100年時代の蓄えは？　年代別心構え、国が指針案

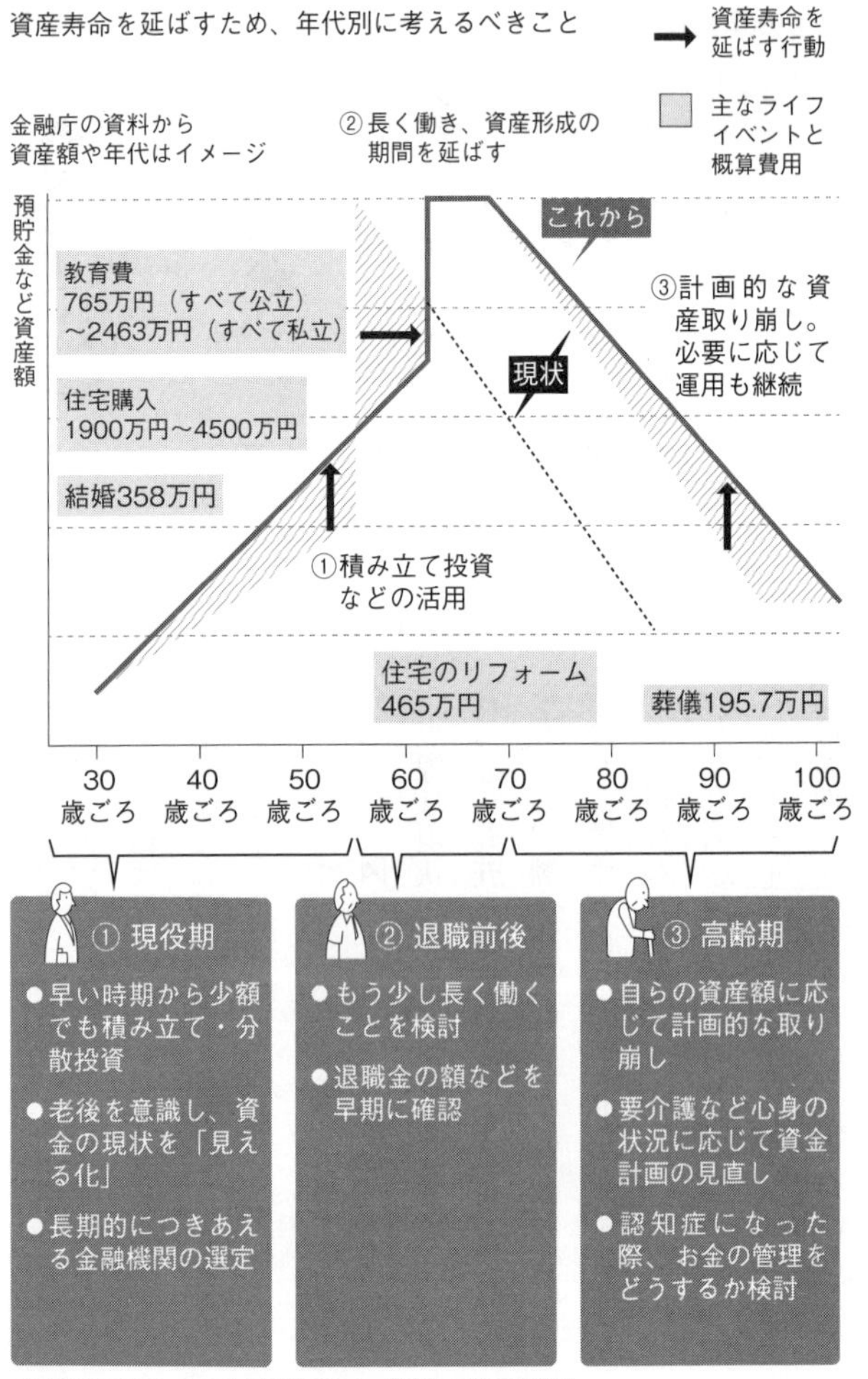

朝日新聞デジタル2019年5月23日（提供 朝日新聞社）

でリタイアしたときより、この表の場合は一五年ほど先送りできます。九五歳ごろまでは資産はもつ計算になる、というわけです。

しかし今は「人生一〇〇年時代」です。安心な老後生活を送るためには、一〇〇歳までの人生設計をたてたほうがいいでしょう。

ならば、若いころから投資をして、資産を増やすことを目指し、さらにリタイア後は資産運用を継続しつつ一部を取り崩して生活を維持できることを目指しましょう。そうすれば預貯金などの資産寿命はさらに先延ばしができる、つまり一〇〇歳まで大丈夫という状況を作ることが可能になる、というわけです。

しつこいようですが、くり返しますと、これからは貯めるだけでは追いつかないので、資産寿命を延ばすことを考えなければいけないということです。つまりは資産の取り崩しをできるだけ後ろにずらす。ピークを後ろにずらすのです。そのために有効なのが、投資などの資産運用です。

国もそのための環境を整えています。「投資はこわい」「よくわからないからやらない」と〝食わず嫌い〟をしているのはもったいないことです。やってみて、それでもよくわからなければ、途中でやめればいいのです。

こわければ、まずは少額からやってみる。そうやって少しずつお金のリテラシー（知識）を身につけていってください。なにもしないで手をこまねいていれば、資産は目減りしていくだけです。リスクをとらないリスクもあるのだということを、肝に銘じておきましょう。

序章のまとめ

□日本人の二人に一人は一〇七歳以上生きる時代になる。
□超高齢化と超少子化に対する人生戦略が必要。
□社会保険給付額は二〇一七年には一二〇兆円に達している。
□国がなんとかしてくれる、というのは幻想。自助努力が求められている。
□やるべきことは（1）収入を上げる（2）支出を抑える（3）資産を増やす、の三つである。
□収入を上げ資産を長持ちさせるために、なるべく長く働く。
□支出を抑えるために、むだを省く。一日五〇〇円の節約でも、十分効果はある。
□投資をしなければ、資産は目減りしていく一方である。

第一章
長い老後にいくら必要なのか

†三割は退職金がいくら出るのか知らない、という事実

まとまった金額が出る退職金は、老後の生活を支える大きな柱になります。ところが自分の退職金がどれくらい出るのか、まったくわからないという人が多いのです。

私のところに相談に来られる方でも、「知らない」と答える方が多いように感じます。中には「退職金があるかどうかもわからない」とおっしゃる方もいました。

こんなに大事なことをなぜ会社に確認しないのか、と思うのですが、「お金のことを聞くのはいやらしい」とか「会社をやめるのかと誤解されるから」と気にされるようです。

でも老後の安心生活を考えるのなら、やはりそこはしっかりおさえておきたいものです。最初は「退職金についてはさっぱりわからない」と言っていた人でも、何回かの相談のあと、「退職金、どうでした?」と聞いてみると、自分でちゃんと調べていて、数字を見せてくれます。

要は本気になって調べればわかるのに調べていない、というだけの人が多いのです。自分の大事な老後のことですから、もっと興味を持って、退職金のことも明確にしていただ

きたいと思います。

大企業や役所、官公庁ですと、退職金に関してルールを定めているところがほとんどです。計算のやり方はややこしいかもしれませんが、やろうと思えば自分で計算できます。退職金が出るところは、就業規則にのっていますので、それを見ておおよそのところを計算してみましょう。

就業規則にのっていない、あるいは就業規則そのものがないところは、もしかしたら退職金が出ない可能性があります。一説によると、正社員であっても退職金が出ないところが二四%もあるそうです。企業にとって退職金は義務ではないので、出さなくても法令違反にはならないからです。

もし自分の会社で退職金が出ないのであれば、退職金はゼロとしてこれからの予定を立てなければなりません。

退職金が出る場合ですが、どれくらいのところが多いのでしょうか。いろいろなところから統計データが発表されています。参考までにひとつ示すと、人事院が平成二八年に行

【図表⑩】勤続年数、学歴別・平均退職金額（男・調査産業計）・2017年度

（単位：千円）

勤続年数	大学卒		短大・高専卒		高校卒	
	社数	金額	社数	金額	社数	金額
25年	14	14,966	4	9,088	19	7,575
30年	15	19,367	2	17,727	13	10,338
35年	26	22,129	7	17,239	19	12,602
満期	70	22,490	18	18,062	76	17,922

（注）1「退職金額」は、退職一時金に、退職年金掛金（事業主負担分に限る）の現価額を足したものである。
2「満期勤続」とは、学校を卒業後直ぐに（大学卒は22歳、短大・高専卒は20歳、高校卒は18歳）入社し、定年年齢まで勤続したものをいう。
〈中央労働委員会〉

った調査では、民間企業の平均退職金は二四五九万六〇〇〇円（企業規模五〇人以上の民間企業約七〇〇〇社の平均）、国家公務員の平均退職金は二五三七万七〇〇〇円でした。

また勤続年数別に退職金を調べたものもあります。中央労働委員会が平成二九年度に発表したデータによると、勤続三五年の大卒で平均二二一二万九〇〇〇円、高卒で平均一二六〇万二〇〇〇円（男）となっています（図表⑩）。

ざっくりとした感じでは、大手企業や公務員なら二〇〇〇万円、中小企業だとせいぜい一〇〇〇万円くらいが退職金の相場ではないでしょうか。

†老後に必要なお金は人によってまったく違う

では老後に必要なお金はいったいどれくらいなのでしょうか。これは人によって大きく異なります。年金や退職金がいくら出るかによって、必要な金額も変わってきますし、今まで貯金がいくらあるのか、一カ月の生活費はどれくらいかなど、条件は個々によってまったく異なるでしょう。

「老後二〇〇〇万円問題」がクローズアップされたさい、モデルケースの夫婦の一カ月の生活費が二六万円でしたので、そんなイメージでいる方もいるかもしれませんが、あの夫婦の場合、住居費はたったの一万四〇〇〇円程度でした。

一万円では賃貸の物件は借りられませんので、おそらく持ち家のマンションの管理費や、持ち家の維持費の一カ月相当分などを想定した金額ではないでしょうか。もしこれが八万円の賃貸マンションを借りていれば、夫婦の一カ月の生活費は一気に三三万円になります。住宅ローンが残っているお宅も、モデルケースの生活費にはおさまらないでしょう。

すると老後に足りないお金は、二〇〇〇万円どころではすみません。冒頭でも述べた通り、「自分の場合は」いくら必要になるのか？　自分軸でしっかり考えることが大切です。

それでは「自分の場合」、老後にいったいいくら必要なのか。私が相談に乗るときに出しているざっくりした計算方法をあげますので、①〜⑥の順に従って計算してみてください。

まずは現在かかっている一カ月の生活費を出してみましょう。わからない人は、この機会に計算してみるのもいいでしょう。

①今の一カ月の生活費

ただ、老後もそれと同じくらいかかるわけではありません。家族状況にもよりますが、現在夫婦二人の場合は、老後の生活は今より一割ぐらい、子どもがいる場合は、老後は子どもの分がいらなくなるので三割ぐらい支出が減ることが多いようです。

⇩

②老後の生活費＝①×九割または七割

⇩

そこから年金を引いたものが、老後一カ月に不足する金額です。

③老後一カ月に不足する金額＝②　－　一カ月の年金

六五歳から九五歳まで三〇年間生きるとして、三〇年間の不足分を出します。もしもっと長生きしそうだとか、リスクを厳しめに出したいという方は一〇〇歳まで、三五年で計算してください。

⇩

④九五歳まで生きた場合に不足する金額＝③×三〇年（または三五年）

しかし退職金が出る人は、退職金で補てんできるので、ここから退職金の分を引きます。退職金がゼロの人は、〇として計算しましょう。

⇩

⑤実際に不足する金額＝④　－　退職金

この金額が六五歳から三〇年生きたさい、「自分の場合」に必要となる金額です。しかし、これはギリギリの金額です。私が相談に乗る場合は、この金額にリフォーム代や病気の備え、車の買い換え、子どもの結婚式など起こりうるイベント五、六個を想定して、プラス一〇〇〇万円で計算しています。すなわち、

【図表⑪】老後必要な金額をざっくり計算しよう

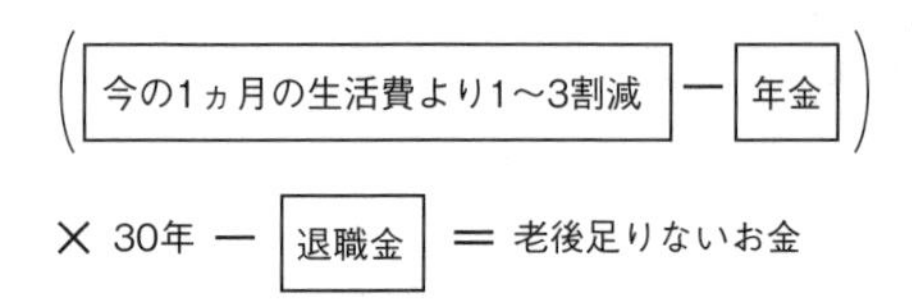

しかし実際にはプラス1000万円の余裕が必要

⑥安心老後のために必要な金額＝⑤＋一〇〇〇万円

どうでしょう？「あなたの場合は」いくらぐらいになりましたか？（図表⑪）

†月三万でも節約できれば、不足分はぐっと減らせる

たとえば先日相談にいらした五〇代のご夫婦は、現在の毎月の支出が約三〇万円でした。老後は三万円くらい支出が減って、生活費は二七万円と仮定して、老後に必要なお金の計算をすることにしました。

年金は夫婦合わせてだいたい二一万円ぐらい入る予定でしたので、二七万円の生活費に対して、月々六万円が赤字だとわかりました。

六万円×一年間で七二万円、夫婦が九五歳まで三〇年間生きたとすると、七二万円×三〇年間で二一六〇万円が不足するとわかります。もしこの夫婦がもっと長生きして一〇〇歳まで生きたら、三五年ですから、六万円×一二カ月×三五年で二五二〇万円になります。

支払われる予定の退職金が一一〇〇万円ということでしたので、実際に不足する金額は九五歳まで生きた場合は一〇六〇万円、一〇〇歳までなら一四二〇万円。しかしこれにリフォームや病気の備えで一〇〇〇万円を足すと、二〇六〇万円から二四二〇万円は準備したほうがいい、という結論になりました。

結果的に、金融庁が示した二〇〇〇万円より上回ることになってしまいましたが、そこで「もうだめだ、あきらめる！」と投げやりになるのではなく、たとえば月三万円節約できれば、三万円×一二カ月×三五年で一二六〇万円になりますから、二四二〇万円必要だったところが一一六〇万円くらいに圧縮できます。

つまり支出を抑える。それだけでもかなり違います。さらに働けるのであれば働く、そして使っていないお金は運用すれば、十分不足額はまかなえます。

要するに、序章でも説明したように（1）収入を上げる（働く）、（2）支出を抑える（節約する）、（3）資産を増やす（運用する）の三つの方法をとるのです。老後のお金が足りない人は、この（1）（2）（3）を意識して、調整していけばいいのです。

もちろん一〇〇％、不足分を満たすには間に合わない場合もあるでしょう。でも〇か一〇〇かで、一〇〇ではないからあきらめる、というのではなく、その中間点、二〇でも三〇でも四〇でもいいので、気づいたときから始めれば、やらないよりだいぶ違います。

ただし、あまり年をとってから、（3）の運用をがんがんやるのはあまりおすすめできません。リスクが大きいからです。もし老後の不足額が数百万円くらいなら、（1）の「働く」と（2）の「節約」でなんとかなると思います。

それ以上の金額は、（3）の運用もいれて、少しお金を増やすイメージで考えていけばいいでしょう。足りないのが五〇〇万円なのか、三〇〇〇万円なのかで、リスクの取り方が違ってくるということです。

†退職金はどう生かすか

退職金は大きなお金がまとまって入ってくる数少ない機会です。すると、急に気が大きくなって無計画に散財してしまう人がいます。

私が知り合いから聞いた話ですが、公務員だったご主人が定年退職して二二〇〇万円の退職金が入ったそうです。ご夫婦はそれまで公務員宿舎に住んでいて、定年後に住む家がありませんでしたので、退職金を使って、いきなり二〇〇〇万円のマンションを購入してしまいました。そして新居の家具と海外旅行で、退職金のほとんどを使い切ってしまったのです。

「公務員は年金が多いから、年金だけで暮らせる」というのが、その理由でしたが、私の知り合いが確かめてみると、年金は夫婦二人で二九万円程度。貯金もほとんどないため、どちらかが病気になったり、介護が必要になったりしたとき、破綻する可能性もある家計でした。

退職金は計画的に使わなければ、あっという間になくなってしまうというい例です。退職金が入ると、一時的にゆとりができた気分になりますが、長い老後の生活費を計算してみたら、意外に足りないこともあります。

まずは今後必要になるお金、たとえばリフォーム代や医療費、介護費用などを計算して、その分はしっかり残すようにしましょう（図表⑫）。

また、退職金をまとまって手にすると、それを一括して投資で運用しようとする人がいます。大きなお金を動かせば、それだけ利益も大きいと勘違いしてしまうのですが、素人

【図表⑫】退職金の使い道

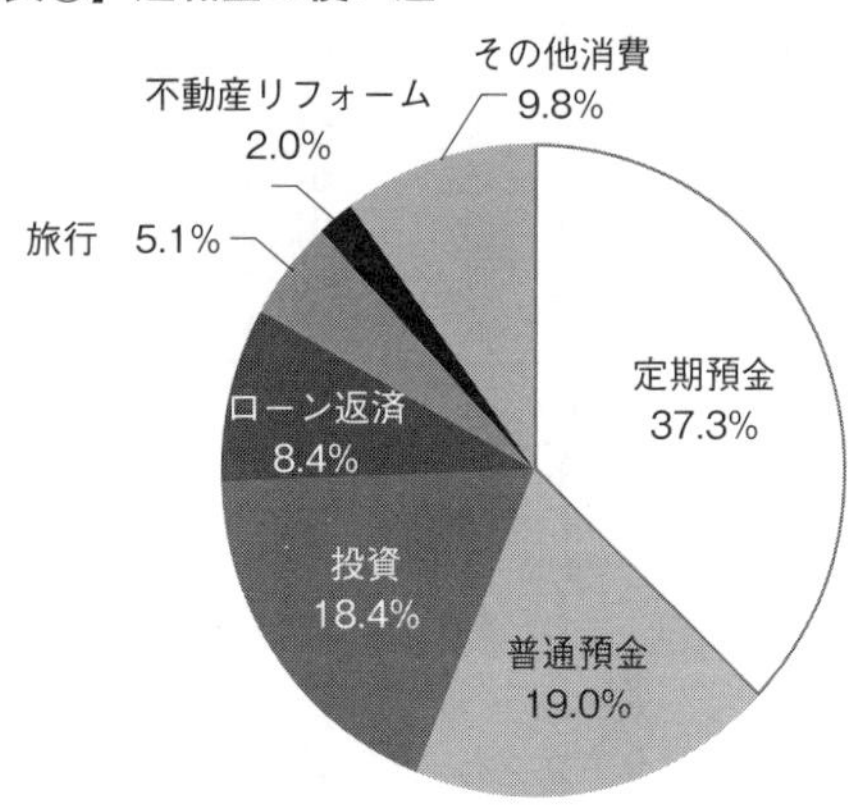

定年退職に関する実態調査（2014）
※野村総合研究所より

に大金の運用はとても無理です。

そうならないために、もし投資をしたいなら、四〇代五〇代からやっておくことです。何度か失敗するでしょうが、その失敗が大事です。「一〇万円買って、半分になっちゃった」くらいの失敗を経験しておくのです。

ころんですりむくくらいの怪我を何度かやっておかずに、投資デビューしていきなり大金を動かしてしまうと、何千万円も一気に損をしかねません。

もし退職金を運用に回すとしたら、投資をどれだけ理解し、自分の状況が見えているかにより大きく異なりますが、初心者や失敗できない状況にある方は焦らず少額からはじめてください。私はそのような方であれば、いくらお金があろうと、投資する額は一年間で三〇〇万~五〇〇万円程度がよいのではないかと思います。うちにくるお客さんでも、「一〇〇〇万円あります。どうしたらいいですか?」という人と「一億円あります。どうしたらいいですか?」という人がいますが、基本的に両者の運用のスタンスは一緒であるべきで焦ってはいけません。

一億円あるからといって、一年間に三〇〇〇万も五〇〇〇万も一気に投じて勝負するのは、ひじょうに危険です。基本は、毎月積み立てるような投資をおすすめします。慣れてきたら投資額を多くしたり、債券を含めたり、スポットで購入してもよいでしょう。

つまり退職金が出たとき、投資に回すのは最大でも五〇〇万円まで。それ以上は銀行に預けておいて、いつでも買付けできるよう準備しておくのがいいでしょう。

ですから、よくわからない人は、退職金が入ったら、とりあえず貯金しておけばいいと思います。そして、少額ずつ投資しながら、ゆっくり考えていけばいいでしょう。

ただし、一カ所の金融機関に集めないで、ペイオフ対策として、一〇〇〇万円ずつ預け先を分けてください。地方銀行などはつぶれる可能性がないわけではありませんから。

†住宅ローンは退職金で返さなくてもいい？

退職金が出たときに、住宅ローンを返す人は多いと思います。マイホームを買って多額の住宅ローンを組むさいも、「退職金が出るから大丈夫」と思って購入する人が多いのではないでしょうか。

でも私は今まで、退職金で住宅ローンを払って、老後の資金がなくなってしまった人をたくさん見てきました。とくに女性に多いのですが、「住宅ローンは借金だから、早く返さないと落ち着かない。利息もかかる」と無理して返そうとして、家計破綻するケースです。

たしかに住宅ローンは借金ですので、早く返したい気持ちはわかりますが、住宅ローンを払って資金ショートするくらいなら、退職金で返済せず、今まで通り、家賃的な感覚で、毎月のローンを返済していったほうがいい場合もあります。

そして定年後も働くつもりなら、毎月の収入から住宅ローンをコツコツ返していって、ローンの残債をある程度まで小さくしてから、一気に返すという方法があってもいいのではないでしょうか。

当然、返済期間が長くなればなるほど、金利がかさんで返済総額が多くなりますが、そこにこだわるあまり、「生きるためのお金のやりくり」を後回しにするのは、本末転倒だと思います。

損得ばかりにこだわらず、きちんと生活が送れるような資金計画を考えるのが先です。もし毎月のローン返済が苦しいようなら、一部を繰上げ返済して、毎月の返済額を減らし、細く、長く、返済し続けるという方法をとってもいいでしょう。

なお住宅に関しては、持ち家が得か、賃貸が得かという議論が延々となされています。しかしあれは机上の空論で、数字さえ変えれば、結論はどうとでも変わります。どちらがいいとか、悪いとかいう話は基本的にナンセンスだと思います。

要はその人がどんな生き方をしたいのか、ライフスタイルの問題ではないでしょうか。たとえば私の家は、持ち家ではなく賃貸です。理由は家族が多いからです。

子どもが六人いるので、もし購入するなら大きな家にしなければなりません。でも子どもはいずれ家を出ていきます。夫婦だけになったとき、大きな家だけが残ってしまうのは

【図表⑬】持ち家比率（世帯主の年齢別）

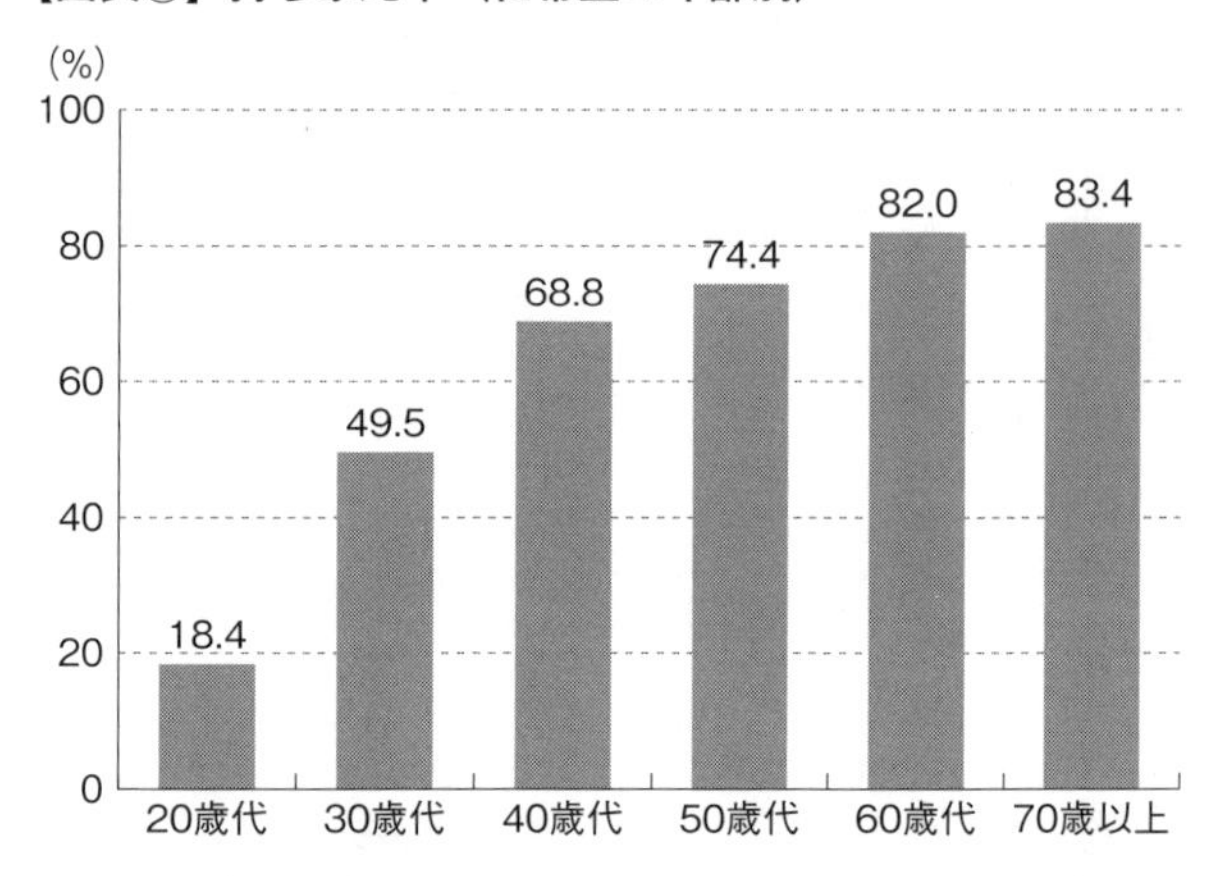

※金融広報中央委員会「平成29年 家計の金融行動に関する世論調査」より

むだではないでしょうか。

それより賃金にして、減っていく家族数に合わせて柔軟に家の大きさを変えていくほうがいいと思ったのです。ついでに、せっかくだからいろいろなところに引っ越して、できれば憧れの町にも住んでみたいと思っています。

もちろん老後は家賃がかからないほうが生活は楽なので、いずれはマイホームを購入する予定です。でもそれは六五歳か七〇歳くらいで。つまりリタイアするときに、現金で一括購入しようと思っています。

理由は、現金一括購入が金利がいちばんかからなくてすみ、お得なこと。それと、老後に夫婦二人で住む家ですから、それほど立派でなくていい。通勤を考えなくてもいいし、これから空き家も増えるでしょうから、少し郊外に行けば、手頃な価格で家が購入できるだろうとふんでいるからです。

みなマイホームは三〇代、四〇代で、多額の住宅ローンを組んで購入するもの、という固定観念がありますが、必ずしもそういうわけではありません。老後になってから、貯めたお金で、老夫婦だけで住める手頃な物件を購入する、という発想の転換もありだと思います（図表⑬）。

銀行にだまされるな！　銀行に買うべき商品はほとんどない？

退職金が入ったり、年金生活に入ったりすると、取引きがある銀行の勧誘が一気に過熱してきます。「退職金無料相談会」「資産運用セミナー」「相続セミナー」など無料の相談会に誘われることがあるかもしれません。しかし、金融機関が開く相談会には行かないほうがいいというのが私の考えです。

言葉は悪いですが、あれは銀行が利益率が高い商品を売ることができる絶好の機会です。もちろん真摯に考え、対応してくれる行員さんもいるとは思いますが、無料セミナーといっても、金融機関は人件費をかけてやっているので、それだけのメリットがなければ開催しません。

シニア世代の方たちは、銀行というと、昔の〝清く、正しく、真面目〟なイメージを持っているようで、ついつい信用してしまいます。でも銀行も今はどこも経営が厳しく、手数料で稼がないことには、やっていけないのが本当のところです。

ですから、手数料の高い外貨建ての生命保険や窓口販売で行う投資信託などを積極的にすすめてくることが多いでしょう。あるいは、大きなお金で一本にまとめる商品をすすめてくると思います。そのほうが手数料が高くとれるからです。

しかし同じ金融商品でも、銀行で買うと手数料が高い上に、商品の種類も少ないので、いいところがあまりないという場合が多いものです。

銀行で買うものはなにもない。せいぜい国債くらいですが、国債は手数料がほとんど稼げないので、銀行からはほとんどすすめません。銀行によっては「国債は扱っていません」と販売しなかったり、行員に対して「積極的にはおすすめしないように」と指示を出したりしているところもあると聞きます。

もし事業をしている経営者で、融資の利子を下げてもらうなど、銀行とつきあうメリットがある人はおつきあいをしてください。でもそれ以外の個人が銀行とつきあうメリットはあまりないと思ってください。せいぜい銀行口座を持って、公共料金やカードの引き落としに使ったり、家にお金を置いておくのがこわかったりするときに、銀行に預けるくらいのメリットしかないでしょう。

ですが、金融機関は個人に比べて圧倒的に多くの情報を持っています。商品を売る側と買う側で、はなはだしい情報格差がありますので、どこまで行っても、けっしてｗｉｎ－ｗｉｎの関係にはなりません。結果的に金融機関に有利な条件で商品を買わされることになる、と思っておけば間違いないでしょう。つまりは、自分で調べ知識を持っておくことも大切である、ということでもあります。

†証券会社はネットがおすすめ

老後資金をつくるには、投資も必要であることは前にも述べました。そこで、比較的安全な投資としてぜひおすすめしたいのが、「つみたてＮＩＳＡ」などで投資信託を運用することですが、詳細については第四章で詳しく述べます。ここではおつきあいする証券会社についてお話しします。

証券会社には、野村證券や大和証券といったリアル店舗を持つ大きな証券会社がありま す。一方、最近はネット系の証券会社も台頭してきました。私がおすすめできるのは、ネット系の証券会社です。

リアル店舗を持つ証券会社は、セールス担当者が実際に何を買えばいいか、親切に商品の相談に乗ってくれます。それがいいという人もいますが、私からすると、よけいな雑音が入るので、逆に誘導されてしまって、相手の思うツボにはまることもあると思うのです。銀行同様、証券会社も手数料でもうけていますから、けっしてｗｉｎ－ｗｉｎの関係にはなりません。相手は圧倒的な情報量を持つ〝情報強者〟であることを肝に銘じておくべきです。

その点、ネット系の証券会社では、個別に商品の相談には乗りません。せいぜいサポートセンターでパソコンの操作の方法を教えてくれるくらいです。もちろんメールやウェブでおすすめの商品は紹介されますが、セールス担当者から直接電話がかかってくることもありません。

よけいな雑音が入らない分、冷静な頭でしっかり考えることができるのです。

ネット証券にはいろいろな会社が参入していますので、扱う商品の数が多く、手数料も安いところがいいでしょう。おすすめできるのはやはり大手です。

楽天証券、ＳＢＩ証券、マネックス証券、株ドットコムの四社なら間違いありませんが、商品数が多く、素人でも使い勝手がいいところとして、私は相談に来られるお客さんには、楽天証券とＳＢＩ証券をおすすめしています。

†貯蓄があるなら医療保険は入る必要なし

保険は医療、死亡、貯蓄の役割があります。昔は全部をひっくるめてワンパック型の商品が主流でしたが、今は「この保障だけ」と切り分けて加入することができるので、自分の状況に合わせて、必要な保障だけ検討するといいでしょう。

とくに宣伝や人件費にお金を使っている大手の保険会社の商品は、内容が他社商品よりおとるのに保険料が高い、という場合があります。

「大きな会社の保険だから」とか「テレビでよく宣伝しているから」と安易に入ってしま

う人がいますが、あれだけの広告料、宣伝費、外交員に払う手数料がどこから出ているのか、よく考えてみましょう。

老後を控えて心配になるのが医療保険です。「老後は医療費がかかるから、保険に入っておいたほうがいい」と担当者からすすめられると、そんな気がしてきます。しかし結論から言ってしまうと、医療費としての貯金があるなら、医療保険は不要とする考えもあるでしょう。

医療保険にも種類はありますが、一般的な医療保険には、①入院給付金が一日五〇〇〇～一〇〇〇〇円、②手術をうけると一〇～二〇万円くらい、③ケースによっては特約で、がんや三大疾病の診断一時金が五〇～一〇〇万円という保障内容で契約することが多いと思います。どれだけの期間入院されるかでも違いますし、高額療養費制度（第五章で説明します）などもありますので、はっきりとは言えませんが、通常のケースであれば貯金でカバーできる可能性も大いにあるのです。

老後に医療保険がいらないかもしれない理由のもうひとつは、日本は公的な医療制度が充実しているからです。たとえば国民みんなが加入している健康保険は六九歳までは医療費の負担は三割、七〇歳〜七四歳は収入によって二割か三割、それ以降は一割ですみます。

また手術や入院などで高額な医療費がかかった場合は「高額療養費制度」があり、年収により定められた自己負担を超えた分は、国から支給されます。たとえば七〇歳未満で年収が三〇〇万円の人が手術や入院で一五〇万円かかったとしても、自己負担するのは五万七六〇〇円までですみます。

「がんで手術をしたら一五〇万円」などという数字が、医療保険の勧誘のパンフレットには踊っていますが、たとえ保険診療分として一五〇万円かかっても、実際に負担するのは五万七六〇〇円でいいとわかれば、さほど怯える必要はないかもしれません。

ただし「高額療養費制度」の対象になるのは、健康保険の適用内の医療に関してだけです。がんや急性心筋梗塞、脳卒中といった病気では、健康保険適用外の自由診療を受ける可能性もあります。

とくにこれからは長生きの時代ですから、多くの人がかかりやすい三大疾病に関しては、健康保険適用外の治療も受けると仮定して、ある程度の準備をしておいたほうがいいでしょう。私も医療保険には加入していないですが、三大疾病保険には入っています。
また、そもそも貯金が十分にないという人は、病気になったとき治療費が払えなくなるので、医療保険に入っておいたほうがいいと思います。

†無料の保険相談や外交員のおすすめには注意しよう

最近は保険の無料相談をうたったショップをよくみかけます。無料ということで、信頼をおく方もいるようですが、彼らはボランティアではありません。金融機関や民間の企業が開催する「無料相談会」と同じで、人件費や宣伝費をかけて運営されている背景には、彼らにとってもうかる仕組みがある場合があるのです。

私のところに「無料保険相談」に行って、結果的に二〇〇万円も損をした女性がやってきたことがあります。

女性は無料相談に行くたびに、「あなたに合った保険を見直ししましょう」とすすめられて、保険の乗り換えをくり返してきたそうです。

とくに損失が大きかったのが、貯蓄性の保険です。利回りがよかった昔ならともかく、今から入る貯蓄性の保険の利率は、かなり低くなっています。それなら、いつでも引き出せる銀行の定期預金に回したほうがよほど便利です。

しかし彼女は、その時は理解はしていたようですが、加入していたのは外貨建ての商品で、やめると保険料払込総額を割るのはもちろんのこと、為替リスクもあり、大きな損失をくり返し続けていたのです。

「相談員の方はとても親切で、信用していたのに」と悔しそうに語っていました。

「無料保険相談」のショップが何で利益を出しているのかというと、販売手数料です。保険会社の商品を販売すれば、そのたびに手数料が入ります。ですから、保険を乗り換えて新しい保険に加入すればするほど、利益が出る仕組みになっているのです。

またこうしたショップは、手数料の高い商品を積極的にすすめてくることもあります。まさに言いなりに保険を乗り換えてくれる女性は、「無料保険相談」ショップにとって、いいお客様だったと思います。

私は彼女に保険選びについて、次の六つのアドバイスをしました。

（１）保険は基本的に損をするものと思っておく

（2）十分な貯金があれば医療保険はいらない
（3）ただし貯金がなければ、一般的な医療保険は入っておく
（4）高額療養費制度など、公的保障について知っておく
（5）貯蓄性の保険に今から入る必要は、基本的にはない
（6）家計の負担になるほど、保険に入ってはいけない

読者の方々にもあてはまるアドバイスですので、参考にしてみてください。

なお「無料保険相談」ではなく、有料相談なら公平か、といわれると必ずしもそうではありません。やはり特定の会社と結びついていて、手数料が稼げる商品に誘導することもあります。

大切なことは、あなた自身が保険を知ることです。

第一章のまとめ

□老後二〇〇〇万円問題に踊らされるのはナンセンス。
□老後に必要な金額＝（今の一カ月の生活費×九割から七割－一カ月の年金）×三〇年－退職金＋予備費一〇〇〇万円で、計算しよう。
□月三万円を節約できれば、三五年で一二六〇万円節約できる。老後資金が足りないからとあきらめるのではなく、わずかでも節約する努力がのちに大きな実を結ぶ。
□退職金のうち、運用に回すのはマックス三〇〇〜五〇〇万円まで。
□住宅ローンは無理して退職金で返済しなくてもいい。
□マイホームは老後になって安い中古を一括購入する手もある。
□銀行、証券会社にだまされるな。
□貯金があれば、医療保険はいらない。
□銀行や保険の無料相談に注意して。

第二章

年金制度をちゃんとわかっていますか

†自分がもらえる年金額は「ねんきんネット」で確認

老後設計をたてる上で、はずせないのが年金です。老後の生活はまずは年金を中心に考えることになります。

この年金ですが、大きく三つの種類に分かれています。三つは三階建ての建物のようになっているとイメージしましょう（図表⑭）。

（1）一階＝国民年金（老齢基礎年金）
（2）二階＝厚生年金（老齢厚生年金）
（3）三階＝（1）（2）に上乗せできる年金（国民年金基金、厚生年金基金、企業年金など）

一階部分の国民年金は、六五歳になれば、原則、国民全員がもらえるもの（ただし年金の保険料を最低一〇年以上おさめていないともらえない）、二階部分は会社員と公務員がもらえるもの、三階部分は、いろいろな年金制度に任意に加入していた人がもらえるものです。

なお、国民年金の加入が一〇年未満であっても、任意加入制度を使って六五歳あるいは七〇歳まで保険料を払い続ければ、加入年数を延ばすことができます。今はほとんどの場

【図表⑭】年金の種類は3階建て

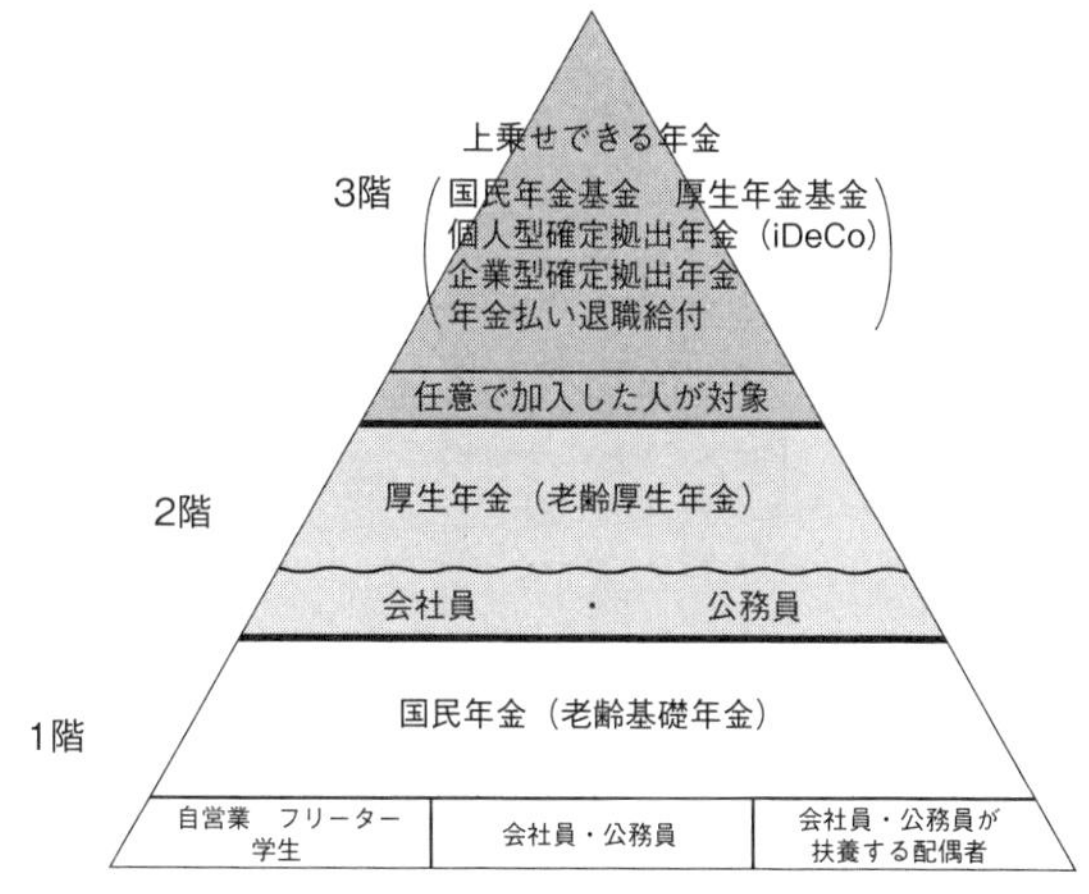

合、「加入期間が足りないので、年金がもらえない」という人はいないのではないでしょうか。

ところで、みなさんは自分がいくら年金をもらえるかご存じですか？　自分の老後を考えるさいに、いちばん肝心な情報なのに、意外と知らない方が多いのです。私のところに相談に来られる方も、年金額の受取り見込み額を聞いてみると、「さあ？」と首をかしげる人が多いのです。

実は自分がいくらもらえるか、誰でも簡単に知る方法があるのです。それが「ねんきん定期便」です。毎年、誕生月になると、日本年金機構からはがき（三五歳、四五歳、五九歳は封書）が送られてきます。

この「ねんきん定期便」にはちゃんと将来の年金見込額が記されています。さらに今までの年金加入期間や保険料納付額なども記載されています。社会問題にもなった年金記録のもれやミスが自分で確認できますので、誕生月になりましたら、ぜひチェックしていただきたいものです。

ただ、みなさん意外とのんびりしていて、「ねんきん定期便」に気がつかない人もけっこういます。「そんなもの、見たことがない」とか「届いていない！」と焦る人もいますが、あわてることはありません。インターネットで日本年金機構の「ねんきんネット」のサイトに行って、登録すれば、いつでも自分の年金見込額を知ることができます。

実は「ねんきん定期便」には、「ねんきんネット」に簡単に登録できるアクセスキーが書かれています。これを使えばすぐに登録できるのですが、アクセスキーがなくても大丈夫です。

まずは日本年金機構の「ねんきんネット」のページで、登録をすませましょう。登録には年金手帳に書いてある「基礎年金番号」が必要なので、用意してください。

平成30年度「ねんきん定期便」（50歳以上）

照会番号	公務員共済の加入者番号	私学共済の加入者番号

※お問い合わせの際は、照会番号をお知らせください。

1．これまでの年金加入期間　（老齢年金の受け取りには、原則として１２０月以上の受給資格期間が必要です。）

国民年金（a）			船員保険（c）	年金加入期間 合計（未納月数を除く）（a＋b＋c）	合算対象期間等（うち特定期間）（d）	受給資格期間（a＋b＋c＋d）
第１号被保険者（未納月数を除く）	第３号被保険者	国民年金 計（未納月数を除く）				
月	月	月	月			
厚生年金保険（b）						
一般厚生年金	公務員厚生年金（国家公務員・地方公務員）	私学共済厚生年金（私立学校の教職員）	厚生年金保険 計			
月	月	月	月	月	月（　月）	月

2．老齢年金の種類と見込額（１年間の受取見込額）

受給開始年齢	歳～	歳～	歳～	歳～
（1）国民年金				老齢基礎年金 円
（2）厚生年金保険	特別支給の老齢厚生年金	特別支給の老齢厚生年金	特別支給の老齢厚生年金	老齢厚生年金
一般厚生年金期間		（報酬比例部分）円	（報酬比例部分）円	（報酬比例部分）円
		（定額部分）円	（定額部分）円	（経過的加算部分）円
公務員厚生年金期間（国家公務員・地方公務員）	（報酬比例部分）円	（報酬比例部分）円	（報酬比例部分）円	（報酬比例部分）円
	（定額部分）円	（定額部分）円	（定額部分）円	（経過的加算部分）円
	（経過的職域加算額（共済年金））円	（経過的職域加算額（共済年金））円	（経過的職域加算額（共済年金））円	（経過的職域加算額（共済年金））円
私学共済厚生年金期間（私立学校の教職員）	（報酬比例部分）円	（報酬比例部分）円	（報酬比例部分）円	（報酬比例部分）円
	（定額部分）円	（定額部分）円	（定額部分）円	（経過的加算部分）円
	（経過的職域加算額（共済年金））円	（経過的職域加算額（共済年金））円	（経過的職域加算額（共済年金））円	（経過的職域加算額（共済年金））円
（1）と（2）の合計	円	円	円	円

この「ねんきん定期便」の表示内容については、［ねんきん定期便　見方］［検索］「通知書の見方を調べる|日本年金機構」をご覧ください。
http://www.nenkin.go.jp/service/seidozenpan/20150601.html

【図表⑮】年金の金額を調べてみよう！

将来、自分が受け取れる年金はどのくらい？　制度は変わる可能性もあるので〈目安〉ですが、金額を計算してみましょう。自営業や専業主婦の人は国民年金の金額を、会社勤めの人は、国民年金と厚生年金を足した合計額をチェック！

● 国民年金

780,100円※1 × 保険料納付月数 ／ 480
＝①(　　　) 円
① ÷ 12 ＝ (　　　) 円
…1カ月あたりでもらえる国民年金目安

● 厚生年金

自分の平均年収（　　　）円 × 加入年数
× 0.005481＝②(　　　) 円

(①＋②) ÷12＝(　　　) 円
…1カ月あたりでもらえる厚生年金目安

※1 令和2年4月分からの年金額より。
※国民年金で保険料免除を受けた場合は、上記の式とは異なる。
※厚生年金は、概算で計算。

「ねんきんネット」はとても便利で、複数の会社に勤務経験がある人でも、勤務先ごとに年金の加入月数がチェックできます。また年金に関する書類の作成もできます。なにより、リアルタイムで、自分がいくらもらえるのか見込額がわかる点が最大のメリットと言えましょう。

「老後の生活が不安」と思った人は、迷わず「ねんきんネット」に登録して、自分の年金見込額を把握してください。年間見込額（①＋②）を12で割ったものが、毎月もらえる年金額になります。

その額が予想より多いか、少ない

かはさておいて、「毎月、自分はこれだけ年金がもらえるのだ」と把握できるだけでも、今後の対策がたてられます。いたずらに不安がる状態からは脱することができるでしょう。

なお、「ねんきん定期便」もなくしてしまった。ネットにもつなげない、という人のために、本当にざっくりではありますが、自分が受け取る年金の概算ができる計算式をあげておきます。参考にしてみてください（図表⑮）。

†年金は申請しなければ永遠にもらえない

基本的なことですが、年金は自分で請求しなければもらえません。年金受給年齢になったら、自動的に年金が振り込まれると勘違いしている人がいるのですが、年金は勝手に入ってくるものではありません。請求しない限り、永遠にもらえないのです。

請求のやり方ですが、年金がもらえる年齢の誕生日の三カ月くらい前になると、日本年金機構から通知が来ます。通知の指示にしたがって、誕生日が過ぎたら、必要書類をそろえて年金事務所や役所の国民年金の窓口に提出します。

年金は二カ月ごとに、二カ月分がまとめて振り込まれます。最初の年金が振り込まれるには、申請してから二、三カ月かかるとみておきましょう。

また年金には扶養手当に相当するような「加給年金」があります。これは厚生年金の対象であるサラリーマンと公務員がもらえるもので、国民年金だけの自営業者やアルバイトなどは残念ながら対象外です。

「加給年金」とは、扶養している配偶者（ただし六五歳未満）や一八歳未満の子ども、あるいは二〇歳未満の障害がある子どもがいる場合、一定の条件を満たすと、本来の年金に加算されるものです。よく「年下妻がいるともらえる年金」と言われています。

「加給年金」も申請しなければもらえません。毎年、誕生月の前に「生計維持確認届」がハガキで届くので、必要事項を書いて返送しましょう。

なお、この「加給年金」は配偶者が六五歳になって国民年金がもらえるようになると、停止されます。しかし一九六六年四月一日以前に生まれた専業主婦には、六五歳を過ぎても「振替加算」という上乗せの年金がもらえます（図表⑯）。

この「振替加算」も申請しなければもらえません。よくあるのが、夫が妻より年下のケースです。夫が六三歳で年金をもらっており、妻が六五歳だった場合、「加給年金」はも

【図表⑯】振替加算額

配偶者（妻）の生年月日	年額
1943年4月2日～1944年4月1日	12万2692円
1944年4月2日～1945年4月1日	11万6636円
1945年4月2日～1946年4月1日	11万0580円
1946年4月2日～1947年4月1日	10万4748円
1947年4月2日～1948年4月1日	9万8692円
1948年4月2日～1949年4月1日	9万2636円
1949年4月2日～1950年4月1日	8万6804円
1950年4月2日～1951年4月1日	8万0748円
1951年4月2日～1952年4月1日	7万4692円
1952年4月2日～1953年4月1日	6万8860円
1953年4月2日～1954年4月1日	6万2804円
1954年4月2日～1955年4月1日	5万6748円
1955年4月2日～1956年4月1日	5万0916円
1956年4月2日～1957年4月1日	4万4860円
1957年4月2日～1958年4月1日	3万8804円
1958年4月2日～1959年4月1日	3万2972円
1959年4月2日～1960年4月1日	2万6916円
1960年4月2日～1961年4月1日	2万0860円
1961年4月2日～1962年4月1日	1万5028円
1962年4月2日～1963年4月1日	
1963年4月2日～1964年4月1日	
1964年4月2日～1965年4月1日	
1965年4月2日～1966年4月1日	
1966年4月2日以降	なし

らえませんが、夫が六五歳になった時に手続きをすると「振替加算」はもらえます。これも申請しなければもらえないのですが、申請していない人がたくさんいます。もったいない話です。

同様に夫が亡くなったらもらえる遺族年金や、障害者になったときにもらえる障害年金も申請しないともらえません。基本的に年金は自分で申請しなければもらえないもの、と理解しましょう。

もらい損をしていても、誰も教えてくれませんので、わからないことがあったら、まずは近くの年金事務所に相談に行くことをおすすめします。年金事務所はそのためにあるのです。どんなことでも、わからな

【図表⑰】国民年金はいつからもらえるのか

男性	女性※	支給開始年齢
〜昭和28年4月1日	〜昭和33年4月1日	60歳
昭和28年4月2日〜昭和30年4月1日	昭和33年4月2日〜昭和35年4月1日	61歳
昭和30年4月2日〜昭和32年4月1日	昭和35年4月2日〜昭和37年4月1日	62歳
昭和32年4月2日〜昭和34年4月1日	昭和37年4月2日〜昭和39年4月1日	63歳
昭和34年4月2日〜昭和36年4月1日	昭和39年4月2日〜昭和41年4月1日	64歳
昭和36年4月2日〜	昭和41年4月2日〜	65歳

いことはどんどん相談してみましょう。年金事務所をもっと活用するといいと思います。

†遅らせてもらうのは損か？ 得か？

国民年金や厚生年金がもらえるのは、原則六五歳からですが、申請すれば、受給する時期を早めたり、後ろにずらしたりできます。前倒しするのを「繰上げ」、後ろ倒しにするのを「繰下げ」といいます（図表⑰）。

年金を早くもらいたいという人は六〇歳から「繰上げ」ができます。その場合は一カ月早めるごとに、年金額が〇・五％減る計算になります。六〇歳から繰上げを開始

【図表⑱】年金をもらい始める年齢と年金の増減率

年金をもらい始める年齢	毎月もらえる年金の増減	年金をもらい始める年齢	毎月もらえる年金の増減
60歳	−30%	65歳	0%
61歳	−24%	66歳	+8.4%
62歳	−18%	67歳	+16.8%
63歳	−12%	68歳	+25.2%
64歳	−6%	69歳	+33.6%
65歳	0%	70歳	+42%

すると、六五歳の時点では五年間繰上げたことになるので、本来の年金の七割しかもらえません。この金額が一生続くわけです。

一方「繰下げ」は一カ月遅らせるごとに、年金が〇・七％増えることになります。最大四二％、七〇歳まで増額が可能です。つまり七〇歳からは本来の年金の一・四二倍もの年金が生涯にわたってもらえるのです（図表⑱）。

「繰上げ」が得か、「繰下げ」が得かは、何歳まで生きるかによって違ってきます（図表⑲）。六〇歳から繰上げて年金をもらった人は、六五歳で年金をもらった人に七六歳で追い越されます。同様に六一歳から繰上げた人は七七歳、六二歳なら七八歳、

【図表⑲】年金の「繰上げ」「繰下げ」の損益分岐点は？

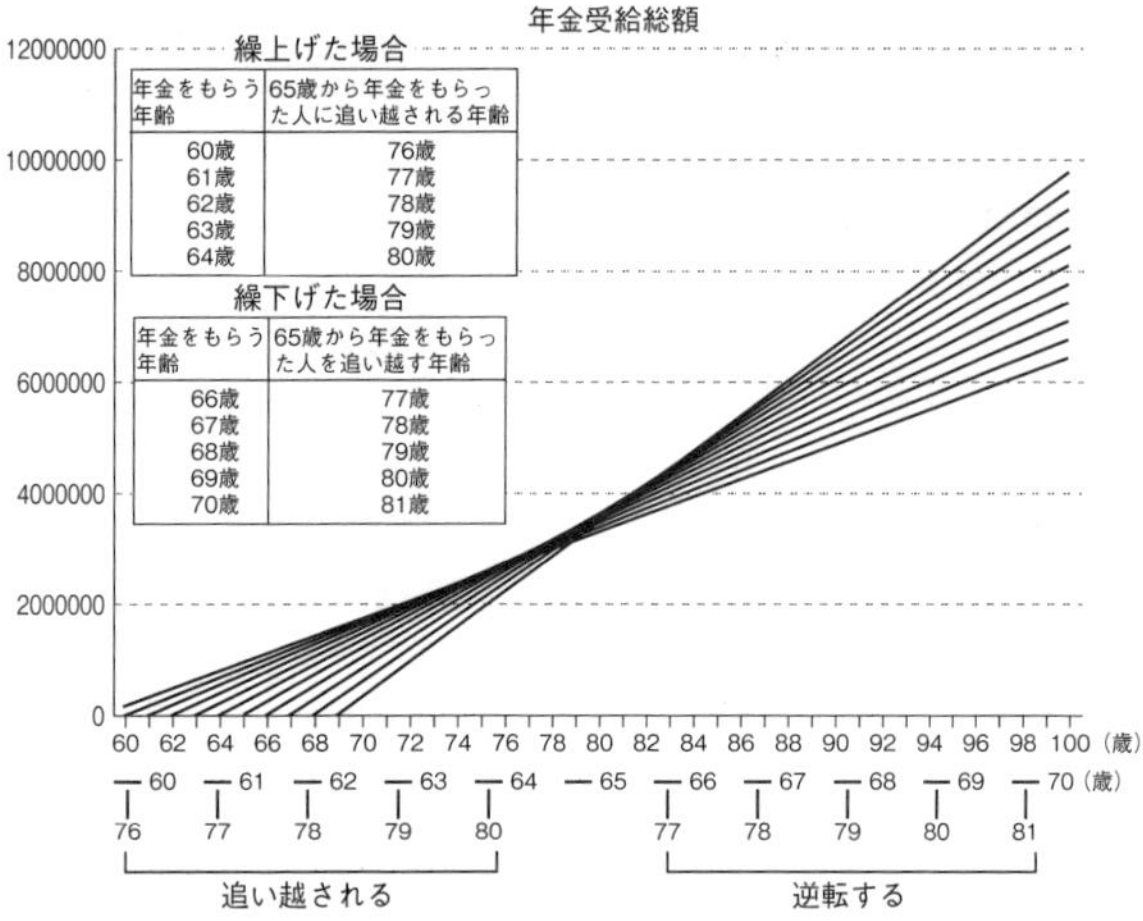

六三歳なら七九歳、六四歳なら八〇歳で、もらえる年金額は追い越されてしまいます。

ですから、もし「自分が八〇歳まで生きられない」と思うのなら、六五歳より前に繰上げて年金をもらったほうが得でしょう。

反対に自分が長生きすると思うなら、「繰下げ」を選んだほうが断然〝お得〟です。年金をもらう年齢を一年繰下げて六六歳から受給すると、七七歳のときに、通常通り六五歳から年金をもらっていた人を追い越します。六七歳に繰下げた人は七八歳で、六八歳まで繰下げた人は七九歳で、六九歳まで繰下げた人は八〇歳で、七〇歳まで繰下げた人は八一歳で、通常通り年金を受け取っていた人より多くもらえるようになります。

つまり、「自分が八一歳まで生きられる」という自信があるなら、七〇歳まで年金をもらわずに繰下げたほうが〝お得〟というわけです。

日本人の平均年齢が二〇一七年（平成二九）現在、男性八一・〇九歳、女性八七・二六歳ということを考えますと、八一歳という年齢はそれほど非現実的なものではありません。

年金がなくても生活できるのなら、「繰下げ」という方法は資産を増やすという意味でも十分検討したい選択肢です。

一・四二倍というのは、利回りで考えると、年率八・四％。これだけの高金利の金融商品はほかにありません。八一歳を過ぎれば、この高利回りの年金を一生受け取れるのですから、長生きすればするほど〝得〟しかないのです。

†「繰下げ」を途中でやめれば、今までの分をまとめてもらえる

「繰下げ」をして、年金をもらうのを後ろ倒しにした場合、途中で生活費が足りなくなったらどうしよう、と心配する人がいます。でも大丈夫です。年金がもらいたくなったら、

いつでも年金事務所に行って請求の手続きをすればいいのです。

そのとき、必要であれば、まとめて今までの分をもらうこともできます。繰下げの手続きとは異なるので一カ月〇・七％の上乗せはつきませんが、六五歳からもらったのと同じだけの年金をまとめて受け取れるのです。

たとえば年金を繰下げていて、病気になって命の先がみえてきたとしましょう。そのときは、今まで繰下げようと思っていた分を一気にもらってしまえばいいでしょう。七〇歳まで繰下げていても、五年間分なら、さかのぼってまとめてもらえます。

ですから、六五歳になっても年金を受け取らず、とりあえず「繰下げ」をして様子をみるのもひとつの方法だと思います（ただし、受取りの請求は六六歳からとなります）。

講演会に行くと必ず聞かれるのが「年金は繰下げてもらったほうがいいですか？ それとも、繰上げて、今もらったほうがいいですか？」とかいう質問です。私は、「働けるのであれば働いて、繰下げをしてめちゃめちゃ長生きしてください」と答えています。それがいちばん現実的な選択ではないでしょうか。

なお会社員や公務員の場合、国民年金、厚生年金を別々に繰下げることができます。ま

【図表⑳】「繰上げ」「繰下げ」のメリット、デメリット

データは平成28年

	繰上げ（利用者34.1%）	繰下げ（利用者1.4%）
メリット	76歳までは受取総額が多い 年金制度が崩壊するまたは、減額する前に現金を受け取れる	81歳を超えると受取総額が多い 長生きすると、受取総額が多い 生涯受給できる 基礎年金・厚生年金別々に繰下げできる
デメリット	長生きすると受取総額が少ない 障害基礎年金がもらえない 寡婦年金が支給されない 65歳まで遺族年金がもらえない 在職老齢年金の対象になる（28万円）	遺族年金・障害年金などを受けている人は使えない 振替加算も繰下がる 加給年金（厚生年金の人）で損をする可能性（配偶者850万円以下） （配偶者が65歳になるまで年額38万9000円 高校生以下の子がいたら1人目22万4300円 3人目7万4800円）

＊加給年金をもらう場合、基礎年金のみを繰下げれば、加給年金の支給を受けられる
遺族年金の場合、
①妻の厚生年金
②夫の厚生年金
③妻1/2　夫1/2　の厚生年金
以上の中から一番多くもらえるものを選ぶ

たご夫婦なら、どちらか一方が「繰下げ」をして、年金をもらう時期をずらすという方法もとれます。

ただし、この「繰下げ」は遺族年金や障害年金をもらっている人はできません。また「繰上げ」は、前述のような任意加入制度の利用中はできませんし、「繰上げ」すると障害年金や寡婦年金がもらえない、といった制約もあります。その可能性がある人は注意しましょう。「繰上げ」「繰下げ」

それぞれのメリット、デメリットを表にしましたので、参考にしてください（図表⑳）。

†定年後、いくら収入があると年金が減るのか？

先日ですが、定年を間近に控えた女性が相談にいらっしゃいました。

「うちの会社では六〇歳になると、再雇用になって年収がすごく減るんです。しかも、あと二年もすると、もう少し減るようです。厚生年金の比例報酬部分が支給されるようになるので、それと合わせて生活してください、とのことなんです。それはしかたないとして、ボーナスもすごく減らされてしまいます。ボーナスを出すと年収が増えて、その分年金が減るからという理由なんですが、会社の言い分は正しいですか？」というご相談です。

結論から申し上げますと、年金をもらいながら働いた場合、受け取る年金が減るのは本当です。

会社員の場合、生年月日によって六〇歳～六四歳までの間、特別支給の厚生年金が受け取れます。さらに六五歳になると、生年月日にかかわらず、全員が厚生年金と国民年金を受給できます。一方で、再雇用で会社員を続けるわけですから、厚生年金に加入して、保険料を払うことにもなります。

つまり、再雇用の会社員は年金の保険料を払いながら、厚生年金ももらうという状態になります。このとき受け取る厚生年金のことを「在職老齢年金」といいます。

この「在職老齢年金」は、ざっくりいうと、六五歳になるまでは、もらっている月収に厚生年金を足した総収入が二八万円を超えた場合、超えた分の一部、もしくは収入状況により全額の年金がカットされてしまうのです。六五歳以上では、四七万円を超えるとその対象になります。月収とはボーナスもいれた年収を12で割ったものですから、ボーナスをたくさんもらうと、月収額が増えることになるため受け取る年金の額が減る、という会社の主張は間違っていません。

もし六五歳以上の方で年金が減ってしまうのがいやなら、先ほど説明した「繰下げ」を選べばいいでしょう（六五歳以下の年金は繰下げできません）。七〇歳まで働いて、年金はそれまでもらわずに繰下げれば、七〇歳で受け取る年金は一・四二倍になっています。ただし、本来カットされるはずだった厚生年金額分は増額されません。

働いていても、年金を減らされることなく、むしろ将来もらえる年金額が増えるのですから、年金の「繰下げ」は再雇用の会社員には最強の選択肢だと思います。

いずれにしても、年金が減るのがいやだから収入を抑えるというのは本末転倒なことです。働いて収入が増やせるのなら、どんどん増やすべきです。

これは「夫の扶養の範囲内で抑えたいから、働く時間をセーブする」という主婦の人にもあてはまります。妻が働けば、それだけ収入は増えます。働く＝貯金できる金額が増えるということですから、扶養の範囲内の一五〇万円以下に抑えなくても、働くだけ働いて、稼いだほうが得なのです。

働く時間が増えれば、妻も厚生年金に加入できます。たとえ夫の扶養からはずれたとしても、将来の年金が増えれば、そのほうが断然お得です。

†老後の年金を補う企業年金にはいろいろな種類がある

企業年金とは、会社が自分の社員に年金を支給するものをいいます。おもな企業年金は次の三種類です。（1）（2）（3）とも、厚生年金を補って、老後に受け取る年金を増やせる制度として注目されています。

（1）厚生年金基金
（2）確定給付企業年金
（3）確定拠出年金

（1）の「厚生年金基金」は、企業または企業連合や業界で基金をつくって保険料を運用し、年金の原資にあてるもので、厚生年金に上乗せして支給されます。自分が勤務している企業が厚生年金基金に加入していなければ、そもそももらえないので、注意してください。

厚生年金基金から支払われる年金も申請しないともらえません。その場合、注意したいのは、年金の受け取り方です。退職金のように一括して全部受け取る場合もあれば、年金方式で受け取ることもあります。

よくあるのが、退職時に一時金として厚生年金基金の一部を受け取り、残りを年金でもらうというケース。退職するときに、まとまったお金をもらったあと、残りの分を申請しないといけないのに、全部受け取った気になって、そのままになっている人がけっこういるのです。

よくわからない人は、会社や自分の厚生年金基金を管理する団体に問い合わせてみましょう。また複数の会社に勤務した経験がある人は、過去に勤めた会社が厚生年金基金に加入していれば、たとえ一カ月の加入でも年金を受け取れます。該当する団体に問い合わせてみましょう。

（2）の「確定給付企業年金」は、あらかじめ将来もらう年金額を決めておいて、その金額をもらうために必要な掛け金を支払っていくものです。企業が掛け金を集めて運用し、企業の責任で、あらかじめ約束した年金を支給します。
かりに運用実績が予想を下回っても、企業が補てんして、約束した年金を払ってくれるので、社員にとってはたいへんありがたい年金です。ただ、近年は企業もリスクが大きいため、（3）の「確定拠出年金」を採用する企業が増えているようです。

（3）の「確定拠出年金」は、毎月、決まった掛け金を積み立て、運用は個人にまかせるというものです。「企業型」と「個人型（これをｉＤｅＣｏと呼びます）」があって、「企業

【図表㉑】「確定給付企業年金」と「確定拠出年金」の違い

	確定給付企業年金	確定拠出年金（iDeCo）
しくみ	先に給付額を決めてからそれに見合う掛け金を決める	先に掛け金を決める
運用者	企業	自分
将来の給付金	給付額は確定 企業が保障	給付額は未定 運用実績によって異なる
口座	個人別の残高はわからない	個人ごとに口座をもち、残高がわかる。転職するさい口座の持ち運びができる

型」は毎月の掛け金を企業が負担してくれます。でも自分が勤める会社が加入していないと利用できませんが、「個人型」＝iDeCoのほうは会社員、自営業者はもちろん、二〇一七年以降は公務員、主婦など、公的年金制度に加入しているほとんどの人が利用できるようになりました。

（2）の「確定給付企業年金」との違いは、自分で口座を持って、運営管理機関（おもに金融機関）が提示する金融商品の中から自分で選択して運用すること。つまり運用は自己責任となる点です。

運用がうまくいけば、受け取る年金額が増えますが、そうでなければ年金額は減ります。年金と同じ扱いになるため、六〇歳まで自分の口座であっても、お金を引き出すことはできません。年金額が減るのがいやだという人は、提示された金融商品の中から、予想利回りはほぼありませんが、元本確保型の定期預金など、より安全なものを選択すればいいでしょう。リスクをとらないリスクもあることを理解された上でおこなってください。

なお、この口座は個人ごとに金融機関でつくるので、転職しても持ち運べるメリットがあります（図表㉑）。

†六〇歳まで加入できるｉＤｅＣｏを使わない手はない

もし老後の年金に上乗せをしたいのなら、おすすめしたいのがｉＤｅＣｏですが、「運用するのがどうしてもこわい」という人は「元本確保型」の金融商品として、「積み立て定期預金」という商品があります。

ｉＤｅＣｏが銀行の積み立て預金とどこが違うのかというと、積み立てている掛け金がすべて所得控除になる点です。

ただし加入している公的年金制度と企業年金制度により積み立てられる上限があって、たとえば企業年金のない会社員の場合、月二万三〇〇〇円まで、年間トータル二七万六〇〇〇円までしか積み立てられません。しかしそれでも、積み立てている金額（＝掛け金）が丸々所得控除になるのは大きなメリットです。

なぜかというと、課税所得が抑えられるので、所得税や住民税が安くなるからです。年収五〇〇万円（妻あり）の人なら、年間約四万一四〇〇円も節税になります。同じ額を銀行に積み立てていても、まったく節税にはなりません。

さらに受け取る利息にも、差が出ます。銀行の積み立て預金は、微々たる利息にも税金がかかります。一方iDeCoなら、運用益や利息も非課税です。さらに六〇歳になって、受け取るときに「退職所得控除」が受けられるので、税金が安くなります。

それに、万一、自分が勤めている会社が経営破綻しても、iDeCoには影響しませんし、たとえ自分が債務整理をするようなことになっても、このお金は法的に守られることになっています。

このように何重にも〝お得〟で、誰でも利用できるのに、どうしてiDeCoで積み立てをしないのか、私は不思議になってしまうくらいです。

唯一、iDeCoが銀行の積み立て預金に負けるとしたら、六〇歳まで解約できないことでしょうか。逆に六〇歳まで解約できないから、しっかりお金が貯まる、と考えてもいいでしょう。

　なお、現状ではｉＤｅＣｏが利用できるのは六〇歳までですが、この年齢の引き上げが検討されはじめています、政府の発表に注意しておきましょう。

†企業年金がない自営業者はどうするのか？

　企業年金は企業が年金をサポートしてくれるありがたい制度です。しかし自営業者など国民年金しかない人は、自分で自分を支えるほかに方法はありません。何しろ、国民年金は四〇年間、真面目に保険料をおさめ続けても、満額で毎月六万五〇〇〇円ほどしか支給されないのですから、これではとても生活できないのです。

　自営業者にとって、会社員の企業年金に相当するのが次の（1）（2）（3）です。

（1）国民年金基金
（2）付加年金
（3）個人型確定拠出年金（ｉＤｅＣｏ）

まず（1）ですが、国民年金基金に加入を申し込めば、あとは基金のほうで運用してくれ、六五歳になると年金が支給されます。国民年金に上乗せする年金として、自営業者の強い味方です。

掛け金が全額控除になり、年金を受け取るときも控除がありますが、毎月の掛け金は上限六万八〇〇〇円（最低は八〇〇〇円）に決められています。

（2）の「付加年金」は、国民年金の掛け金に四〇〇円をプラスすると、二〇〇円×付加年金を払った月数の金額が、年金に毎年プラスして生涯もらえます。たとえば四〇年間、国民年金に入って、付加年金を払い続けると、二〇〇円×四八〇カ月がずっともらえます。二年ちょっとで元がとれる計算なので、今、国民年金を払っている人は、付加年金もつけておくといいでしょう。

（3）のｉＤｅＣｏは、前述のように今までは会社員か自営業者でないと利用できませんでしたが、二〇一七年からは、公務員、アルバイト、主婦、無職の人など公的年金に加入し、保険料を納めている人であれば誰でも利用できるようになりました。ただし、国民年金基金との合算で、自営業者の方は月六万八〇〇〇円までしか掛けられませんので、両方を使う場合は組み合わせを考える必要があります。

なお自営業者には、会社員の退職金にあたる「小規模企業共済制度」が利用できます。毎月七万円を限度に積み立てをしておいて、退職や廃業のさい、退職金として引き出すというものです。こちらも積み立ての掛け金が丸々所得控除になり、引き出しのさいも控除が受けられるなど、節税効果の高いものとなっています。

†年金制度は、民間保険を上回る好条件の保険と考えよ

昨日、会社の人たちと居酒屋に入ったら、近くの席で飲んでいた若い人たちが「年金制度は破綻(はたん)するから、自分は年金に入っていない」とか「払った分の保険料は戻ってこないと思うので、年金を払うのはやめて、貯金にした」などと話しているのが聞こえました。その認識は間違っているのですが、若い世代にはそう思い込んでいる人たちが多いようです。

まず「年金制度は破綻するか?」ですが、私は破綻しないと思います。何をもって破綻とするのかというところもありますが、年金の支給額が減額されたり、支給される時期が遅くなったりすることはあるでしょう。しかしゼロになることはもちろん、考えにくいで

しょう。もしゼロになったら、そのときは日本という国も存在していないのではないでしょうか。

もうひとつ「年金の保険料を払うより、その分を貯金しておいたほうがまし」についてです。そもそも、年金保険料を納めることは強制でもありますので、自分で任意で選べることではありません。話を戻しますが、たしかに若い世代になればなるほど、自分が払う年金の掛け金よりもらう年金の額のほうが少ない、という事態が、その方の状況によっては起こりえるかもしれません。

それでもなお、年金に加入しておいたほうが得なのです。なぜかというと年金制度には自分が障害者になったときには障害年金が、死亡したときには遺族に遺族年金が支給されるという保険的な側面もあるからです。

支払われる条件は、国民年金または厚生年金に二五年以上加入して、掛け金を納付（免除も含む）しているか、または初診日の前々日までの一年間に保険料の未納がないこと。保険料を払っていないと、せっかくの障害年金や遺族年金が出ないので、お金が苦しくて滞納しそうになったら、「免除」の手続きができないか、年金事務所や役所の窓口で相談してみましょう。

さらに厚生年金の場合は、病気や怪我で四日以上仕事を休むと、傷病手当が出ます。仕事上の病気や怪我は労災から出ますが、傷病手当は仕事以外のプライベートなものが対象です。四日目から最長一年半、月収の約三分の二の手当が支払われます。

障害年金、遺族年金はもちろん、傷病手当など、民間の保険で、ここまで幅広いものはありません。同じような保障条件で、民間の保険でカバーしようと思ったら、かなり高額の保険料になるでしょう。

それを安い掛け金で保障できるのですから、こんなに好条件のものはありません。年金制度は、老後の生活を支えるだけでなく、安い保険料で、現役時代の病気や死亡のリスクにも対応しているのです。

第二章のまとめ

□「ねんきん定期便」や「ねんきんネット」で自分の年金額を確認しよう。
□年金は申請しないともらえない。サラリーマンは配偶者がもらえる「加給年金」「振替加算」のもらい忘れに注意。
□年金の受給を後ろ倒しにする「繰下げ受給」は、七〇歳まで繰下げると、一・四二倍も受け取る年金が増える。
□「繰下げ」予定を途中でやめれば、今までの分をまとめてもらえる。
□六五歳までは再雇用の月収が二八万円を超えると、受給中の年金額が減る。
□年金に上乗せしたいなら、六〇歳まで加入できるｉＤｅＣｏがおすすめ。
□自営業者は国民年金基金、付加年金、ｉＤｅＣｏで年金に上乗せを。
□年金は障害者になったときの、または遺族に対する保険的な役割もある。

第三章
実は簡単な老後の貯金生活

†毎月の支出と収入を見直す

安心な老後生活を送るには、まず現在の家計を見直すことから始めましょう。家計の見直しをして、むだを省くことができれば、その分を貯金に回せます。

しかし家計を見直すには、今の自分がどんな状況なのかがわからないと、改善のしようがありません。どこにどれだけ使っているのかがわからなければ、どこから手をつけてよいかもわからないからです。

老後の生活を予測するにしても、今かかっているお金や費目をベースに、「老後はここにかかっている分（たとえば子どもの教育費など）が削れる」とか、「逆にここにお金がかかるよね（たとえば医療費や自分たちの娯楽費など）」と考えていかなければなりません。まず今、どんな収入と支出なのか、具体的に数字を出していく。そうしたあたりまえのことから入っていくのがとても重要です。

私のところに家計見直しで相談に来られる方は、だいたい七割くらいが家計簿をつけていません。「収入と支出を教えてください」と言っても、具体的に数字をあげられず、「いや、あんまり使ってないんですけどね」とか「お金が残らないんですよ」とか「そんなにいいものは食べてないんですが」など漠然とした言い方をします。でもそういったふわっとした話では、家計の改善はできません。

「数字をつけるのは苦手なんです」という人も多いのですが、数字を追いかけないで、抽象的な話をしていても、なかなか有効な改善策は生まれません。ざっくりとでもいいので、収入と支出の概算がつかめるようにしていただきたいのです。


できれば家計簿をつけるのが理想ですが、それが苦手という人に、私のところでは、「家計表」というものをお渡ししています。ここに一カ月の数字をその場で記入してもらうのです（図表㉒）。

もちろんすべて推察になりますが、家計簿をつけていない人には、「ひと月にこれくらいかかっているのかな」と推察してもらうだけでも、大きな意識改革になります。

実際の数字とはズレていても、それでも「家賃（あるいは住宅ローン）はこれくらいだよね」とか、「週二回くらいスーパーに行って、これくらい買っているよね」とか「外食はこれくらい使ってるよね」という数字を、できるだけ追いかけていって、書き出してみ

【図表㉒】家計状況（　　　年　　　月分）

（　　月　　日～　　月　　日まで）＿＿＿＿＿＿＿＿様

給料日　日/手取り金額

収入		支出	
費用	金額	費用	金額
給料（本人）	円	家賃（管理費などを含め）	円
給料（配偶者）	円	住宅ローン（毎月）	円
給料（　　）	円	〃（ボーナス加算）	円
			円
自営収入（本人）	円	食費	円
自営収入（配偶者）	円	電気	円
自営収入（　　）	円	ガス	円
		灯油	円
年金（本人）	円	水道	円
年金（配偶者）	円	電話代（固定）	円
年金（　　）	円	〃（携帯電話）	円
		インターネット料金	円
児童手当	円	新聞代	円
	円	NHK受信料	円
生活保護	円	生命保険料	円
	円		円
他から援助	円	自動車のローン	円
（援助者：　　）		車の保険料	円
	円	ガソリン代	円
その他	円		円
	円	生活日用品	円
	円	医療費	円
	円	教育費	円
	円	交通費	円
	円	被服費（クリーニング代含む）	円
	円	交際費	円
	円	（交際費の内容：　　）	
	円	娯楽費	円
	円	（娯楽費の内容：　　）	
	円	その他（使途不明金）	円
	円	小遣い	円
	円	嗜好品（酒・たばこ）	円
	円	理・美容室	円
	円	化粧品代	円
	円	ペットえさ代	円
	円		円
	円		円
	円		円
今月の収入小計①	円	今月の支出小計②	円
前月からの繰越額	円	翌月への繰越額	円
収入合計	円	支出合計	円

※年収　約＿＿＿＿万円

ボーナス、手当て等＿＿月に約＿＿万円　　今月の差額 ①−②＿＿＿＿円

（年　　回）＿＿月に約＿＿万円

る行為が大切です。

そのさい、アバウトに、「光熱費は三万円くらい」とか「食費は五万かな」と言う人と「電気代は八〇〇〇円くらい、ガスは三五〇〇円くらい」とわりと細かく言える人と二通りにわかれます。

細かく言える人は、家計の把握が比較的できていることが多いように思います。


また、うちに相談に来られる方には、事前に「支出についておたずねしますので、だいたいの数字をメモ程度でいいので書いてきてください」とお願いしています。

すると、面白いことに、相談に来る前に「うちにお金が貯まらない理由がわかりました」と言ってくる人がいるのです。人に見せることを意識して、日々、使っているお金を記録するだけで、たくさんの学びや気づきが生まれるのです。

以前、体重を記録するだけでやせられるという「レコーディングダイエット」というダイエット法がはやったことがありました。家計の見直しもこれに似ています。記録しているうちに、問題点が見えてくるのです。

家計をスリムにして、その分を貯金に回したいのなら、おおざっぱでもかまわないので、ひと月、どれくらい使っているのか、数字をおさえることがとても重要です。

†家計簿は記録ではなく、ふり返りに意味がある

本気で家計を改善して、貯金をしたいのなら、家計簿をつけることをぜひおすすめします。でも家計簿をつけるだけで満足してはいけません。家計簿はなんのためにつけるのかというと、ふり返りをして、家計を改善するためにあるのです。

今は便利な家計簿アプリも出ていて、レシートを自動で読み取ったり、口座引き落としの記録をまとめてくれたりするものもあります。でも「まとめた数字はこうです」と結果を見るだけでは十分な改善にはつながりません。

せめて先月の数字と比較するとか、昨年の同じ月と比較するなどして、何がどれくらい増えているか、減っているかというふり返りをしてほしいのです。家計は月によっても変動がありますから、去年の同じ月と比較できるくらい、つまり一年くらいは、家計簿を続けてほしいと思います。

時々年単位で収支をふり返り、黒字であるなら良しとする人がいますが、年単位で家計を見ても削減すべき支出は見つけにくいものです。よく「家計簿をつけてもお金が貯まら

ない」と言う人がいるのですが、そういう人に聞いてみると、記録をつけていても、たいてい年単位でのふり返りしかやっていないのです。一カ月ごとにふり返り、使いすぎている支出をみつけ、改善していくことが大切です。

また、ふり返りは月単位でいいのですが、さらに一週間単位で集計したほうが気づくことが多いと思います。一カ月たって集計が出たとしても、改善できるのは翌月になってしまいます。「今月、こんなに使っちゃったよ」と後悔しても、もう過去は変えられません。週単位でこまめに集計して、「今はこれぐらい使っているよね。じゃあ、来週はこれくらいに抑えよう」など、途中途中で立ち止まって、その都度修正を加えていけば、もっとむだが省けます（図表㉓）。

週では「食費が今週は多すぎたなあ」とか、「ドラッグストア行き過ぎたなあ」などに気づいてもらえばよく、月の中では固定費も入ってきますので、「通信費が高いな」「子どもの塾増やしたけど、金額が多すぎるな」などとふり返っていただければいいのです。

「家計簿をつければ、むだが省けるのはわかっているけど、毎日細かい費目にわけてつけていくのは面倒くさい。三日ためてしまったら、もうやる気がしなくなる」と言う人もいます。そういう人は、レシートやメモなどの支出を証明するものを決まった場所に保管し

【図表㉓】1週間で集計していく家計簿

1日（月）	○	
2日（火）	スーパー	2500円
3日（水）	生活用品	1020円
4日（木）	スーパー	3300円
	ランチ	1000円
5日（金）	○	
6日（土）	スーパー	3800円
	外食代	3300円
7日（日）	コーヒー代	1200円
	生活用品	880円
（1～7日）		17000円

…（先月の1～7日）15920円

比べてみて「今月は少し使い方が多い」とふり返りができる

ておき、週のどこか日時を決めて集計するとよいでしょう。

毎日、使ったお金のトータルの記録は、手帳の片隅でもいいし、スマホのメモ帳でもかまいません。ちょっと記録するくらいなら、それほど手間なくできるのではないでしょうか。それも立派な家計簿です。

仕事や勉強でも、毎日の業務報告や宿題はやるのですから、できないわけはありません。歯磨きや洗顔と同じように習慣化してしまって、たとえば寝る前に毎日、使ったお金を記録する。そして一週ごとにふり返りをするくせをつけるといいと思います。

家計簿が嫌い、という人は、もしかしたら、「家計簿」のイメージに抵抗があるのかもしれません。かつて、「家計簿」といえば、婦人雑誌の付録についていて、表紙にレースの模様がついているようなフェミニンなイメージでした。

いまだにそのイメージが残っているので、とくに男性には「家計簿は女性が書くやつでしょ」といった偏見があるのではないでしょうか。でも今はそういう時代ではありません。家計をひとつのビジネスととらえれば、家計簿は将来、やりたいことをかなえる「戦略ノート」です。家計を見直し、改善して、残ったお金を将来の夢のために計画的に貯めていく。家計簿を企画書や経営計画書としてとらえると、家計に向き合う姿勢も違ってきます。

家庭の中に経営戦略室を創設するイメージで、家計改善に積極的に取り組みましょう。

†老後資金があっても、なお貯金が必要なわけ

安心老後を送るためには、お金が必要です。しかしそれは必ずしも今、手元にいくらあるかだけで決まるわけではありません。むしろこれからどれだけ生活のむだを省き、お金が貯められるのか、その人のお金に対する姿勢が、老後の生活に大きく影響してくるのです。

私のところに相談に来られたあるご夫婦の話です。ご主人が六〇歳で退職したとき、この夫婦には三〇〇〇万円もの老後資金がありました。内訳は退職金が二〇〇〇万円出て、さらに貯金が一〇〇〇万円もあったのです。

しかもご主人は再雇用で六五歳まで働くことができ、月収は三〇万円もらえる予定とのこと。住宅ローンがまだ一〇〇〇万円残っていたとはいえ、かなり恵まれた老後が送れるはずでした。ご本人たちもそう思っていました。

ところが、ご主人が六〇歳で退職してわずか三年で貯金は一〇〇〇万円も減ってしまい、残りが二〇〇〇万円になってしまった、というのです。このままご主人の再雇用が終わり、夫婦ともども年金生活に入ってしまうと、あっという間に貯金が底をついてしまうのは目に見えていました。

青くなって、ご夫婦で相談にいらしたというわけです。月々の収支を見せてもらうと、生活費は約四〇万円。かなりの〝メタボ家計〟だということがわかりました。子どもが二人いて、教育費がマックスかかっていたときの家計のまま、ダウンサイジングする努力をしてこなかったのです。

貯金がある家庭なので、毎月お金が足りなくなると、漫然と貯金からおろすという生活を続けていました。

このご夫婦の場合、本当は子どもが独立したあとは支出を減らし、少しでも貯金に回さなければいけなかったのです。そうすれば老後資金がもっと貯められましたし、年金だけになっても、ダウンサイジングした生活で、少しずつ貯金をくずしながら、細く長く暮らせたでしょう。

しかし一度広げた風呂敷は、なかなかたためません。この夫婦のように、なまじ貯金があったりすると、年金だけになっても〝メタボ〟の生活を変えずに、だらだらと貯金をきりくずしていってしまうケースがよくあります。

そしていよいよ残りが少なくなってから、「計算してみたら、老後が暮らせない」とあわててしまいます。私はこのご夫婦に、できる限り長く働きつづけること、そして今からでも可能な限り生活費をきりつめ、少しずつ貯金に回すようアドバイスさせてもらいました。

このように、一見、老後資金がたくさんあると思われても、老後破綻のリスクを抱えている人はたくさんいます。一方で、貯蓄が少なくても、家計を見直して少しでも貯金に回すことができれば、安心老後も夢ではありません。

先日、相談にきたご夫婦も、そんなケースでした。ご主人は五二歳。年収は約八〇〇万円ですが、大学生の子どもが二人いるため、毎月の生活費に約四五万円かかり、貯金は約七〇〇万円しかありません。ご夫婦は二〇一九年に金融庁が発表した「老後に必要な貯金は二〇〇〇万円」に驚いて、相談にいらしたのです。

話を聞いてみると、六〇歳定年のさい、退職金が一七〇〇万円ほどもらえる予定とのこと。であれば、大学の学費等もあるでしょうが、できるだけ貯金を減らさないようにして、今ある貯金の七〇〇万円ほどを加えることができると、二四〇〇万円の老後資金は確保できることになります。過剰に焦る必要はなかったのです。

しかし、油断は禁物です。年金生活に入れば、この人の場合、夫婦合わせて手取りで約二〇万円の年金収入しかありません。現在、夫婦の生活費はおよそ四五万円。年間五四〇万円かかっていますから、このままの支出を続けていけば、二四〇〇万円の老後資金はすぐになくなってしまいます。

もちろん老後生活に入れば、子どもの教育費はなくなるし、住宅ローンも払い終わっているでしょう。支出は減ると考えがちですが、そんな甘い見通しが実は危険なのです。

今の六〇代、七〇代はひじょうに元気で活動的です。旅行に行ったり、趣味に打ち込んだり、老後を楽しむには、意外にお金が必要です。支出は減るどころか、増えることだってあります。


そこでこの夫婦には、今から毎月欠かさず貯金することを目指していただくことにしました。今の支出を見直し、優先度の低い支出をカットしたり、支出の仕方をコントロールしたりしていきます。固定費も契約内容を見直すと、支出が減りやすいものです。そうして浮いた分を貯蓄に回していくのです。さらにボーナスは可能な限り貯金して、毎年一〇〇万円の貯金を目指すようにアドバイスしました。

そうすれば、この夫婦は定年までに八〇〇万円程度の貯金が増やせます。六〇歳の時点で、退職金とすでに貯めて維持できている手元の七〇〇万円ほどを足して、合計三二〇〇万円の資金が用意できるというわけです。

「今から貯金をしても間に合わない」とあきらめてしまうのは早すぎます。このようなに、定年までわずかの年数しかなくても、コツコツ貯めれば、老後の生活は変わります。あきらめたら、そこで終わりです。

†「貯められる人」と「貯められない人」のシンプルな違い

「今からでも遅くありません。コツコツ貯金をしてください」と私はいろいろな人に言っています。話を聞いてすぐ実行してくれる方もいれば、聞いただけで、実行に移さない人もいます。

私はたくさんの方の相談に乗ってきて、世の中には「お金が貯められる人」と「貯められない人」がいるのだな、という思いを強くしています。

「お金が貯められる人」は老後の年金生活になっても、うまくやりくりして、楽しみのためのお金を上手に捻出しています。一方、「貯められない人」は、たくさんあったはずの老後資金でさえ、いつの間にかなくなってしまい、お金に困っています。

「貯められる人」「貯められない人」、その違いはとてもシンプルです。

お金が貯められる人には、行動力があります。たとえば私が講演で「携帯の通信費を削るにはこんなやり方がありますよ」と言うと、すぐに行動に移します。「いい」と言われたことは即実行してみる。そして試してみて失敗したら、それを経験として積み重ねていきます。

発明王のエジソンは、失敗しても「うまくいかない方法を見つけただけだ」と言ったそうです。お金が貯められる人は、そうやって「うまくいかない方法」をいくつも見つけ、そうではない方法を探していくのです。

一方、お金が貯まらない人は、知識を得てもそれを行動に移しません。講演会に参加しても、「今日は面白い話が聞けたね」で終わってしまいます。実業家の堀江貴文さんがユーチューブで面白いことを言っていました。自分がビジネスのヒントや成功のコツを本に書いても、それを実践する人は一%か二%しかいないというのです。

結局、いい話を聞いても、知識として頭にいれておくだけで実行しない。「いつかやろう」と思っているのかもしれませんが、その「いつか」は永遠にやってきません。やらなければ、何も変わらないのです。お金が貯まらないのは、こんなふうに「いつか」が永遠にやってこない人のことです。

でも、面白いのはこんなふうに「お金が貯まらない人」でも、簡単に「お金が貯められる人」に変身できる点です。その方法とは、たとえ数百円でもいいので、お金を貯めるくせをつけることです。つまり小さな行動の第一歩を踏み出してみるのです。貯め始めると、必ず目に見える成果が出ます。

やればやっただけの効果が出る。それが実感できたとき、「貯められない人」はたいてい「貯められる人」に変身します。私はそういう人をたくさん見てきました。

この本を読んでくださっているみなさんは、本を手に取った時点で、すでに行動するスタートラインに立っているわけですから、あとは実践あるのみ。「貯められる人」の特徴は行動力だということを思い出してください。

たとえば月々の光熱費をちょっと本気で見直す。そうすれば数百円は必ず浮かせます。その数百円を積み重ねていく感覚です。

私の知り合いは、頭の体操もかねて、お釣りに必ず五〇〇円玉が入るように支払いをし、そうして得た五〇〇円玉は空き缶の中に貯めておくようにしたそうです。

空き缶がいっぱいになったら、郵便局に持っていって貯金する。それを五年間やっていたら、知らない間に一〇〇万円貯まった、と言っていました。たった数百円でもそれだけの効果が出ます。

仕事はいくら一生懸命やっても、必ず成果があるとは限りません。でも数百円でも貯めていけば、必ずお金は貯まっていきます。数字は裏切らない。お金が貯められるのはそれを実感している人です。

†何でもかんでも節約すればいいわけではない

ついでに言っておきますと、「お金が貯められる人」は、お金の使い方に「自分の軸」を持っていて、メリハリがあります。何でもかんでも節約したり、安いものですませようとしたりしているわけではありません。自分を豊かにするために、お金を使うところでは、思い切って使っています。

たとえば私のお客さんの一人は、ふだんは会社にお弁当を持っていってランチ代を節約していますが、年一回、自動車レースのF1のチケットに一〇万円もの大金を使うのだそうです。

二時間で終わってしまうレースに一〇万円も使うのはもったいない、と思うのはふつうの人たちの発想です。その人にとっては一〇万円払っても、それだけの価値がある楽しみなのです。けっしてむだづかいをしているわけではありません。

言い方を変えると、お金の使い方に関して、「みんながやっているから」ではなく、「自分の場合は」をちゃんと考えられる、ということです。

私の例で恐縮ですが、私は携帯電話の料金が月二〇〇〇円でも高いと思うタイプです。今の時代、通信費は必要経費だから一人一万円かかってもしかたない、とはけっして思いません。携帯電話に対する優先順位が低いのです。

その結果、わが家の携帯料金は、家族八人で一万円くらいですんでいます。一人一万円ではありませんよ。八人で一万円です。どうしてそんなことが可能なのかというと、格安通信業のSIMカードを使っているからです。いわゆる「格安スマホ」です。格安スマホは業者によっては通話つきでも二〇〇〇円弱で利用できます。

私はもともと携帯電話があまり好きではないので、通話にはほとんど使いません。仕事の電話は会社の固定電話で十分。あとはメールで用が足ります。

さらに子どもたちは格安スマホのデータ通信の契約をしておけばLINEをはじめ、S

NSなども使えますし、通話は無料のLINE電話で問題がないようなので、一人一〇〇〇円くらいの携帯料金ですんでます。

もしこれが、ふつうに携帯電話を使っていたら、わが家の場合、ひと月六〜七万円は軽く超えていたでしょう。私の価値観としては、携帯電話に毎月六万も七万円も払うことなど許せません。

そんなことにお金を使うくらいなら、携帯料金は格安スマホを使って月一万円に抑え、浮いた五、六万円を使って家族で思い切り遊んだほうが楽しい。あるいはその分のお金を投資に回したら、将来的にはすごく増えているでしょう。

家族で遊びに行ったり、外食したりするのに五、六万円を使うのはもったいないと思いませんが、携帯料金には一万以上はぜったいに使いたくない。これが私のお金の使い方に関する「自分の軸」になります。

†「生きるために楽しむ浪費」か、たんなる「むだの浪費」か

先ほどのF1のチケットに一〇万円を使うお客さんの話もそうですが、要するに「生き

て楽しむために使う浪費」なのか、たんなる「むだの浪費」なのか、の違いをはっきりさせておく必要があります。

「むだの浪費」とは、たとえばATMで時間外の手数料を平気で払うとか、意味もなく電気をつけっぱなしにしているとか、コンビニでなんとなくお菓子を買ってしまうとか、全然通っていないスポーツジムの会費を払い続けるといったことをいいます。これらは「生きるために必要な消費」でもないし、「生きて楽しむための浪費」でもありません。

「お金が貯められる人」はお金の価値がわかっている人です。だからむだに浪費しません。

私はよく「価格ではなく、価値です」と講演会でもお話しします。もちろん価格も大事ですが、「お金が貯められる人」はお金を価格ではなく、価値で見ています。それだけで見ていくと、安いものだけを追いかけるつまらない生活になってしまうのではないでしょうか。

私が家族との外食費に三、四万円使うのは、落ち着いた雰囲気のレストランでゆっくり会話しながら、美味しいものを味わって、家族でコミュニケーションをはかりたいからです。そこに価値を見いだしているのです。

「そんな食事に三、四万円を使うのなら、牛丼が何十杯食べられるんだ！」という発想はありません。いつも三、四万円の外食をしているのなら問題ですが、たまにはそういうところで家族の団欒を楽しむのは、お金に代えられないかけがえのない時間です。むだな浪費ではないと思います。

私たちは一生懸命働いて得たお金を使いながら生きています。生きていくのなら、「いいお金の使い方」を目指したいではありませんか。私の母親はいつも口ぐせのように「光昭、お金は生きた使い方をせい！」と言っていました。

そんなことを言われても、学生のころはまったく意味がわかりませんでしたが、自分で事業をやり始め、成功している人やいろいろなお客さんに会ううちに、お金は生きた、いい使い方をしなければ、集まってこないことに気づいたのです。

お金はギチギチに節約して使っても、思ったようには貯まりません。でも、人を喜ばせるためにちょっとしたものをプレゼントしたり、自分を喜ばせるために一〇万円のF1のチケットを買ったりする。そういう価値や喜びにお金を使う余裕が、いい使い方、生きた使い方なのだと思います。

†「浪費という認識のもとに浪費」する浪費もある

「むだな浪費」にお金を使ってはいけません。しかし、矛盾したことを言うようですが、むだがいっさいない人生を送ってもつまらないものです。私は「浪費という認識のもとに行う浪費」なら、ときにはそういうむだもあっていいのではないかと思っています。

私がよく講演で話すのは、わが家の七歳の長男に関するエピソードです。

彼は、毎朝、学校に行く前、食パンにジャムをつけて食べています。いつもはスーパーで売っている手頃な価格のジャムをつけているのですが、あるとき、私はデパートで、ひと瓶三〇〇〇円もする高級ジャムを見つけてしまいました。

こんなジャムを息子に食べさせたら、どんな反応をするだろう？　息子に味の違いがわかるだろうか、と私はふと思いました。もしかしたら、「パパ、すごいね。このジャム」と味に覚醒して、何かの才能が芽生えるかもしれません。

そこで「これは浪費だな」と思いましたが、「浪費という認識のもとに浪費」して、三〇〇〇円もする高級ジャムを買ってみたのです。

さて、翌朝、三〇〇〇円の高級ジャムを食べた息子がどうしたか。「美味しいね」とも何とも言わず、ふつうに食べて出ていきました。結局、息子に三〇〇〇円のジャムの味はわかりませんでした。スーパーのジャムでも十分だったわけです。

だからといって、三〇〇〇円もむだにした、とは私は思いません。いつの日か、大人になった息子が「あのとき食べた、あのジャムの味が忘れられない」などと言い出すかもしれません。浪費といわれれば浪費ですが、そういうことも「お金の生きた使い方」のひとつになるのではないかと思います。自己満足かもしれませんが。

では、ふつうの浪費と「浪費という認識のもとにする浪費」の違いですが、後者は一定の上限があるという点です。私は「浪費という認識のもとに浪費」できるのは、支出のだいたい五％くらいが目安かなと思います。

毎月三〇万円で暮らしている人だったら一万五〇〇〇円くらいでしょうか。お金を貯めている人たちも、だいたいそれくらいの余裕は持って、浪費はしているように思います。

浪費がいけないのは、上限も何も決めずに、「欲しい」と思ったら、みさかいなくお金を使ってしまうことです。すると欲望は際限がないので、どんどんエスカレートしてしまいます。

ギャンブルと同じです。自分のお小遣いの範囲で、楽しみのためにやるのならかまいませんが、貯金も全部おろしてつぎこむのは間違っています。

私も若いころ、パチンコにはまってしまった苦い経験があるのでよくわかります。ギャンブルはやればやっただけ負けるのは、数字上もたしかなことです。がんばったところで成果が出るものではないし、自己成長もありません。

それに気がついて、私はやめてしまいましたが、自覚がなく、のめりこむのがいちばん危険です。要はギャンブルにしても、浪費にしても、「お金を使っている」という自覚と、「使っていいのはいくらまで」という意識を持つことが大事です。

きちんと上限を決めてコントロールでき、しかも楽しみのために使えるのであれば、「浪費という認識のもとに行う浪費」も生きたお金の使い方になるのだと思います。

†五五歳を過ぎたら、風呂敷を縮めよう

四〇代後半から五〇代になると、若いころに比べて年収もそこそこあがってきます。生

活費や子どもの教育にもお金がかけられるようになるので、「これくらいお金をかけてもいいんじゃない？」と、つい風呂敷を広げがちです。

たとえば子どもを私立の学校に通わせたり、都内の環境のいい場所に引っ越してみたり、無農薬の食材や水に凝ってみたり。風呂敷を広げてもやれてしまうのがこの年代です。

とくに年収八〇〇万円を超え、一〇〇〇万円近くになると、いろいろなことをやり始めてしまいます。でもそうやって「これくらい、お金をかけてもいいんじゃない？」とやっていくと、貯金があまりできません。なぜなら、ふくらんだ食費や教育費や住居費は、その後、減ることはなく、ほぼ固定的に出ていくからです。

そのまま風呂敷を広げていると、年金生活に入っても急にはためなくなって、老後生活で苦労します。

ですから年収が増えても、「これくらい、お金をかけてもいいんじゃない？」という価値観にはまどわされないことが大切です。

年収が増えたときこそ、老後のための貯金のチャンスととらえましょう。子どもが大学に入ったら、独立するまであと一歩。もう今後、子どもにお金はかかりませんから、このころから徐々にダウンサイジングを心がけるといいでしょう。

広げた風呂敷は急にはたためないので、意識して少しずつ風呂敷を縮めていくのです。年齢的には五五歳くらいからダウンサイジングを心がけるのが理想です。六〇歳や六五歳で、いきなりギュッと縮めると、「なんのために自分は今まで一生懸命働いてきたのだろう」と虚しくなってしまうかもしれません。だからこそ、年収がしっかりある四〇～五〇代の現役時代から始めるほうがいいのです。


「生活を縮小するのは悲しい」と感じる人もいるかもしれませんが、私の場合は考え方が逆です。私が生活をダウンサイジングするのは、将来を楽しむためです。

七〇歳くらいで死ぬという、太く短い人生が送れればいいですが、今は一〇〇歳まで生きる人も少なくありません。何十年も長生きしても、お金がなくて楽しみがない生活を長い間送るのはとても嫌です。

それなら今は多少我慢しても、将来が楽しいほうがいい。かといって、今を犠牲にしているわけではなく、今の生活もメリハリをつけて「楽しみのための浪費」もやります。でもむだな出費はさけて、将来に向けてしっかり貯金しておきたい。そのためのダウンサイジングです。

老後になると、生活費は現役時代の八割くらいが目安です。さらに七五歳をすぎると七割くらいになります。ただし八〇歳を過ぎると、介護費用がかかり始め、九〇歳を過ぎると、介護費用だけで年間一五四万円かかるというデータもあります。

介護保険があるので、自分で負担する介護費用は実際にはこの数字の一割〜三割になりますが、それでも長生きすると、今まで以上にかかってくるお金があります。そうしたことを考えて、五〇代から生活をスリムにするよう意識し、浮いた分を貯蓄に回す習慣を身につけてください。

†ネットのリスクとメリットを考えよう

今のシニア世代は、ひとつ上の世代と違って、ほとんどの人がネットを使いこなせます。日本中どこにいてもネットで商品が注文できるのは、とても便利ですが、その便利さがあだになることも忘れないでください。

とくに老後生活に入ると、体力的な問題もあって、ネット注文がこれまで以上に増える可能性があります。今はスーパーやコンビニもネット販売を積極的に行っていますから、ネット注文と宅配が日常の光景になるのは時間の問題です。しかし、クリックひとつで品物が買える便利さが、浪費のリスクと紙一重だということを肝に銘じておきましょう。

お財布から現金を出すときの重みと比べると、ネットで商品を買うときは、いともたやすくクリックしてしまいます。そのせいか、あとで商品が届いたとき、「なんでこんなもの、買ったんだろう」とか「それほど欲しくはなかったな」ということがよくあります。かくいう私も本が好きなので、アマゾンで本のラインナップを見ていると、欲しいものがいろいろ出てきてしまいます。そんなとき私がやっているのは、いったんカートに入れてひと晩寝かす、ということです。

そして翌日、冷静な頭でもう一度カートの中をのぞいてみます。すると、「なんで、こんなものを欲しいと思ったんだろう。さっぱりわからない」「いったいなにを勉強したかったんだろう」という本が入っているのです。

疲れているときは、脳もぼおっとしているので、血迷ったものを選んでしまうのでしょう。こんなものをいちいち買っていたのでは、とんでもない浪費になってしまいます。ですからネットで購入するときは、いったんカートに入れて、ひと晩寝かせる習慣をつけるのがいいと思います。

またよくあるのは、配送料無料になるまで商品を買い続けてしまうこと。「五〇〇〇円以上買うと配送料が無料になる」と書いてあると、ついよけいなものまで買ってしまいがちです。しかし配送料が無料になっても、その分、買い物は増えているので、けっして得にはなっていない、というあたりまえのことに早く気がつきましょう。

そういう小さな浪費が集まって、大きなほころびにつながっていくのです。

なおネットが使える世代なら、ネットで買うばかりでなく、売って小遣いかせぎをすることも考えてみたらどうでしょうか。

老後生活に向けて、生活をダウンサイジングするさい、不用品が出てくるはずです。こうしたものをヤフーオークションやメルカリなどの不用品を売買するサイトを利用して処分するのです。思わぬ収入になることもあります。

私の知り合いも、生前整理もかねて、古い家具やこけし、記念品などを整理したのですが、業者に持っていってもらうと、お金がかかるところを、メルカリに出したら、若い人が珍しがって、高値で買ってくれたそうです。

年を重ねると、いろいろものが増えてきます。昭和のガラクタなど、一見価値がなさそうなものでも、意外と高値がつくことがありますので、ネットを利用して販売するのも、ひとつの方法だと思います。

第三章のまとめ

□毎月の支出と収入をきちんと把握しないと、家計の見直しはできない。
□家計簿はつけるだけでなく、ふり返りが重要。ふり返りは月単位で。
□広げた風呂敷は急にはたためない。四〇～五〇代から老後を見据えたダウンサイジングを始めよう。
□お金を貯められる人と、貯められない人の違いは実行力があるか、ないか。
□お金の使い方について「自分軸」を持ち、お金を生かす使い方をすること。
□「生きて楽しむための浪費」はOK。たんなる「むだの浪費」はNG。
□「浪費という認識のもとに行う浪費」はしてもいいが、支出の五％まで。
□ネットでの購入は、クリックする前にカートに入れて、ひと晩寝かせる。

第四章

リスクの低い投資で運用しよう

†どういうものかわかった上で決めよう

この章では、リスク（不確実性）が低い投資についてお話しします。

「投資」というと、「危ないんでしょ」「損するのはいやです」とアレルギー反応を示して、耳にふたをしてしまう人が多いものです。しかし、何度も強調しているように、老後生活を安心して続けるには、コツコツと貯金をしていただけでは追いつかないのです。

そろそろ「投資はこわい」というマインドを変えるべきではないでしょうか。一〇年ひと昔といいますが、今の一〇年はまさに飛ぶように変化しています。たとえば携帯電話ひとつとっても、一〇年前までは今のようにスマホが活躍している社会は想像できませんでした。

それぐらいのスピードで時代が動いているのに、投資に対する私たちのマインドだけが旧態依然としているのはおかしなことです。老後を国に頼れた時代は終わりました。今は自助努力で老後を生き抜かなければいけない時代です。

老後になって何千万円も必要だということがわかっても、そこから急にお金を貯めることはできません。今あるお金を少しでも増やして、資産の長生き化を考える工夫が必要です。

「投資」はそのために有効な手段です。

「こわい」「損する」となにも動かないでいたら、現状は変わらないのですから、まずは少額でもいい。試してみる勇気が必要です。


おそらく、「投資がこわい」と思っている人は、投資＝投機、あるいはギャンブルといったイメージが強いのではないかと思います。

しかし最初に確認しておきたいのは、「投資」と「投機」「ギャンブル」は根本的に違うということです。「投機」とは機をねらってお金を投じるもの。どちらかというと短期で結果を出すものです。

ギャンブルはまさにその典型で、ひと勝負ひと勝負にお金を賭けて勝ちをねらいます。

また外貨を売買して為替の差益をねらうＦＸや、変動が激しい仮想通貨を購入するのも、「投機」に近いものです。いずれも五年、一〇年保有するものではなく、短期で結果をねらうからです。

さらに株の売買を一日単位で行うデイトレードも、「投機」に近いと思います。

これらは俗に「ゼロサムゲーム」といいますが、誰かが勝つと誰かが負ける世界です。一億円稼いだ人がいるとしたら、一億円負けた人がいる。「サム」は合計の意味です。合計するとプラスマイナスゼロになるから「ゼロサム」という言い方をするのです。

余談ですが、胴元が存在するギャンブルは「マイナスサム」のゲームです。胴元が掛け金を持っていきますので、勝った人と負けた人のプラスマイナスをトータルすると、必ずマイナスになります。

すなわちギャンブルをやる人が、絶対にプラスになることはありません。それをわかっていて、娯楽でやるのはかまいませんが、そもそもギャンブルでもうけようとすること自体が、成立しないのだということです。

この本でいう「投資」とは、「投資信託」、それも、あとで説明しますが、国、および金融大手が推奨しているつみたてＮＩＳＡ（ニーサ）やｉＤｅＣｏ（イデコ）に限定していると考えてください。世間一般でいう投資、すなわち株やＦＸや仮想通貨や不動産投資は含めていませんので、むやみにこわがる必要はありません（図表㉔）。

なお投資信託とは、お客さんから集めてきたお金をファンドマネージャーが株や債券な

【図表㉔】この本でいう投資と投機の違い

ギャンブル	競馬 パチンコ パチスロなど	マイナスサム （やった人が全員損をする）
投機	FX 仮想通貨 デイトレード 不動産投資	ゼロサム （もうける人と損する人が必ずいる）
投資	株　投資信託	非ゼロサム
比較的良心な投資	国がすすめる税制優遇のある投資 （NISA　つみたてNISA iDeCoなど）	プラスサム （もうける人のほうが多い）

どに投資をして、得た利益を分配する商品のことです。どの国の株や債券をどのように組み合わせるのかによって、商品に違いがあり、だいたい六〇〇〇種類（六〇〇〇本）くらいが販売されています。

†資産の長生き化に向けて国も本気。それを活用しよう

二〇一九年元旦、国、および金融大手は、投資の一種であるつみたてNISA、iDeCoを宣伝する全面広告を八ページも日本経済新聞に掲載しました（日本経済新聞二〇一九年元日（第五部「資産形成応援プロジェクト2019」広告特集））。少なからぬお金を投じて、国民に投資をすすめているのです。そこに国の本音が見え隠れします。

つまり「長くなる老後生活を支えるのは国ではなく、国民自身。みなさんは自助努力でやってください。そのかわり、みなさんが老後資金を貯めやすくする投資の仕組みを国が提供します」というわけです。国が推奨する投資は次の二つです。

（1）つみたてNISA

すでにあるNISA「少額投資非課税制度」の積み立て版です。年間投資額の上限は少ないですが、長期間非課税運用できることが特徴です。積み立て金額は年間四〇万円までですが、二〇年間、運用益に税金がかかりません。また、投資商品は金融庁の基準をクリアしたリスクの少ないものがほとんどです。

なお、NISAとつみたてNISAは同じ年に同時に口座を持つことができません。その年ごとに変更することは可能です。NISAはまとまった金額を非課税で運用したい人向き、つみたてNISAは長期的に資産形成を目指したい人、投資が初めてという人に向いています。

（2）iDeCo

【図表㉕】NISA、つみたてNISA、iDeCoの違い

	NISA	つみたてNISA	iDeCo
利用できる人	20才以上の人	20才以上の人	60才未満の人
期間	5年	20年	60才になるまで
年間上限額	120万円	40万円	※143万4000円～813万6000円
解約	いつでもOK	いつでもOK	60才まで解約できない
商品	国内・国外の上場株式、株式投資信託	一定の条件にあった株式投資信託、ETF	株式や債券、リート、金などに投資する投資信託、定期預金など

※iDeCoの上限数は加入者によって異なる（2019年12月現在の情報）

iDeCoは私的年金制度の一つの「個人型確定拠出年金」のことです（詳細は60ページ以下で説明しています）。掛け金が所得控除になり、さらに運用益に税金がかかりません（図表㉕）。

つまり、政府が推奨する投資の制度は、さまざまな優遇措置があるというわけです。そのメリットを整理します。

（1）税制上の優遇が受けられる

NISA、つみたてNISA、iDeCoともに、税制上のメリットがある、すなわち節税効果があるという点が注目できます。

一例をあげると、株を売買して一〇万円の利益が出たとします。通常であれば、この利

益に対して二〇・三一五％（所得税一五・三一五％、住民税五％）がかかります。実質的には八万円弱のお金しか手にできません。しかし非課税制度を利用すれば、二〇・三一五％の税金は払わずに、利益の一〇万円が丸々手にできるのです。

（2）投資信託ならリスクを分散できる

個別に企業の株を購入した場合、業績等により株価が下がるリスクがあります。たとえば国のインフラをになっているので、堅実だと思われていた東京電力の株は、福島の原発事故のあとどんどん下がり、今では事故前の四分の一くらいの株価になっています。

そういうリスクをさけるためには、すべての会社の株を買っておけばいいのですが、とてもそんなことはできません。しかし投資信託なら、商品によっては一つの商品に何百、何千の株が組み入れられているので、自動的にリスクが分散可能にもなります。

とくに政府が推奨するつみたてNISAでは、投資する商品も厳選されています。投資したお金を倍にするとか、三倍にするといった大もうけはできませんが、慎重にやれば、基本的にはプラスサムにすることも当然できるでしょう。

だいたい一割程度の利益を目標に、地道に運用していけば、資産を長生きさせられるでしょう。せっかく国が推奨して、税金の優遇措置までもうけてくれている制度です。これを利用しない選択肢はないのではないでしょうか。

†老後資金のための投資は「分散」を意識する

老後資金をつくるため、そして減らさないために行う投資は、とにかく

・長期
・分散
・積み立て

が合い言葉です。今まで投資をしたことがない人が、老後問題に直面して、初めて投資をするときは、「長期・分散・投資」を肝に銘じておかないと、予期せぬ事態にまきこまれてしまうことがあります。

私のところに家計相談に来たあるお客さんの例です。老後資金を増やそうと、五〇〇万

円もの大金をある国内投資信託一本に、いきなり投じてしまった方がいたのです。

投資する金額が大きければ大きいほど、もうけも大きい。そう考えたのでしょう。たしかに原理はそうだとしても、裏返せば、損も大きいことになります。その方は、人気ランキング一位になっていた投資信託の商品を「一番人気だから大丈夫だろう」と信じて大金を投じたものの、その後、評価額はどんどん下がって、あわててしまいました。

私のところにこられた時点で、すでに六〇万円の損失が出ていました。少し待てる余裕があるなら、様子を見る選択肢もあったのですが、六〇万円の損でひどく狼狽している様子であったことを記憶しています。最終的には、ご自身の判断で売却を選ばれていました。

この人の失敗は、「一度にひとつの商品に大金をつぎこんでしまったこと」と「どれだけのリスクなら許せるのか、リスク許容度を考えていなかった」ところにあります。

もしリスクをさけたいのなら、いろいろな要素を「分散」させるのが鉄則です。分散させるのは次の四つです。

(1) 通貨の分散

（2）時間の分散
（3）商品の分散
（4）地域の分散

まず、（1）の通貨の分散についてですが、円だけで保有するのではなく、外貨でも保有するなど、値動きが異なる傾向のある通貨を持ちましょう。信用リスク、為替変動のリスクを分散することが期待できます。

（2）の時間の分散について。株や債券のマーケットはいいときもありますし、悪いときもあります。短期で取引きしていると、そうしたマーケットの影響をモロに受けてしまいます。しかし長い期間、定期的に積み立てていれば、年によって変動があってもそれが平均化されるので、平均購入単価を抑えることができます。

（3）の商品の分散とは、値動きの異なる複数の商品を持つということです。一つの商品に集中させると、その商品が下がったときのリスクが大きくなります。複数の商品に分散させたほうがリスクは小さくなります。

（4）の地域の分散について。日本の株式市場が落ち込んでいても、アメリカやヨーロッパは景気がいいかもしれません。特定の地域だけでなく、新興国から先進国まで世界のさまざまな国の株や債券にも投資することで、カントリーリスクを緩和できます。

さらにもうひとつ考慮しておかなければいけないのは、自分がどれくらいのリスクを許せるのか、という点です。これは貯蓄をどれくらい持っているかということに関係なく、個人の性格によって違います。

一〇万円投資して、それが九万八〇〇〇円になっただけで大騒ぎする人もいれば、二万、三万減ったくらいではなんとも思わない人もいます。その人の性格や気質によって、リスクの許容度が異なるわけです。自分の場合はどれくらいなのか、あらかじめ自問しておくといいでしょう。

小さな損も許せないという人なら、慎重にも慎重を期して、利益は少なくてもリスクが少ないもので運用すべきだし、少々のリスクでは動じないという人なら、選ぶ投資商品の幅も広がってきます。

長く続けるためにも、ご自身のリスク許容度や性格などによって、やり方は違ってくるということです。

†一定額を積み立てて、時間を味方にするやり方が最強

とはいっても、大事な老後資金ですから、減らさないように慎重に運用するにこしたことはありません。そのためにおすすめなのは、一度に投資するのではなく、一定額を積み立てのように投資していくやり方です。別名「ドルコスト平均法」ともよばれる方法です。

たとえばある投資商品を毎月一万円だったら、一万円で買えるだけ購入します。市場が安いときは一万円で、たくさん買えますし、高いときは少ししか買えません。それを続けていくと、長く続ければ続けるほど平均の単価が抑えられます。

次ページの図表ではわかりやすく、特定の株を毎月一〇〇株ずつ購入した場合と、毎月一万円ずつ購入した場合（こちらがドルコスト平均法です）の違いをあげてみました（図表㉖）。

図を見てもわかる通り、一万円ずつ購入する「ドルコスト平均法」を選んだほうが、投資額が少なくて、しかもたくさんの株数を獲得できることがわかります。

このやり方がとても便利なのは、放っておけばいい点です。基本、毎回考える必要がな

【図表㉖】ドルコスト平均法だと平均買付単価が安くなる

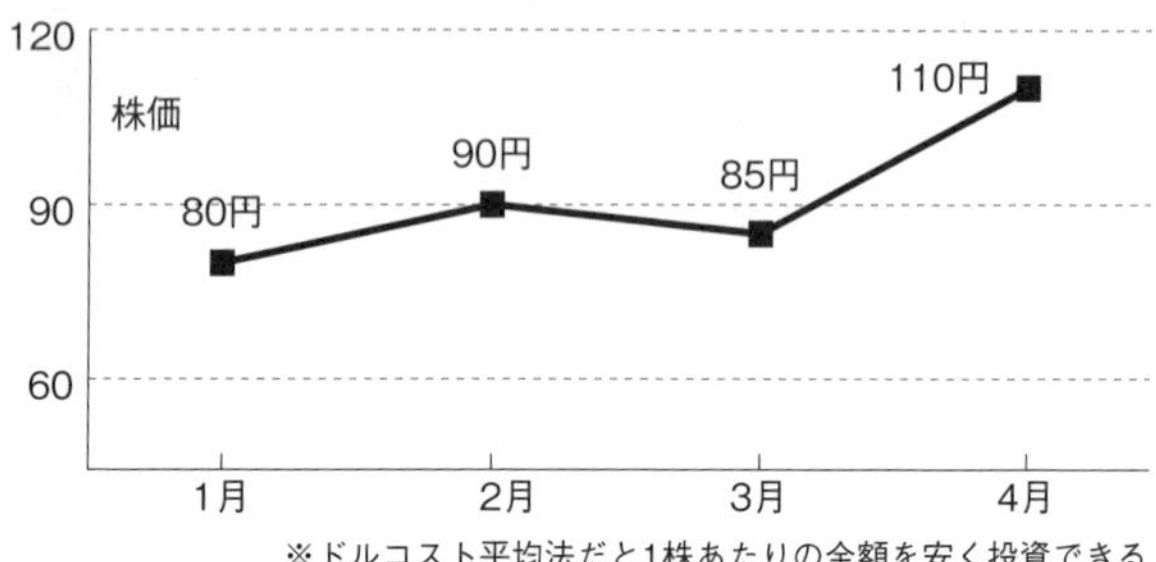

※ドルコスト平均法だと1株あたりの金額を安く投資できる

	100株ずつ購入	投資金額	10000円ずつ購入	投資金額
1月	100株	8000円	125株	10000円
2月	100株	9000円	111株	10000円
3月	100株	8500円	117株	10000円
4月	100株	11000円	90株	10000円
	400株	36500円	443株	40000円
	(1株約91円)		(1株約90円)	

いのです。毎月、マーケットの動きを正確に予測できる人などいません。下手に予測して、「これから上がるだろう」とたくさん買ってみたら、リーマンショックのように世界同時株安が起きて、大損するなどということも起きてしまいます。

でも、毎月一定額を買い続ける「ドルコスト平均法」だと、世界同時株安が起きたときはたくさん買い付けができますし、市場が高騰しているときは、少ししか買い付けしません。要するに、安いときにたくさん買って、高いときは少ししか買わないので、パフォーマンスがいいのは当然です。

なにより、市場の変動にいちいち一喜一憂しなくてすむ点も大きいでしょう。投資をしていても精神的に安定していられるので、投資初心者にはとても心強いことです。

†投資をするなら、手数料の安いネット証券で

では、この本でいう「投資」の商品、すなわち、つみたてＮＩＳＡ、ｉＤｅＣｏの商品をどこで買えばいいのでしょうか。

投資の商品を扱っているのは、銀行と証券会社です。しかし銀行では株が購入できませんし、銀行で扱う投資信託も商品数が限られています。なにより手数料が高いのが難点です。

また証券会社は、営業マンがいる実店舗ですと、「市場はこれからこう動きますから、今、この商品を買っておくといいですよ」とか、「この商品、いいですよ」的な〝雑音〟が入るので、やはりおすすめできません。彼らがすすめるのは、自分たちにとって都合がいい、手数料が高い商品です。

87〜88ページでも述べましたが、銀行も証券会社も圧倒的に情報を持っている〝情報強者〟です。〝情報弱者〟である素人は簡単に論破されてしまい、言われるがままに、相手

に都合がいい商品を買わされることが多いのです。

それに銀行や証券会社で扱っている商品は、同じものがもっと安い手数料で、ネット証券で買えます。リアルの店舗で購入するメリットはあまりありません。

その点、ネット証券は、個別の相談に乗らないかわりに、よけいな勧誘もありません。さらに大手のネット証券なら、商品もたくさんそろっています。

なにより手数料が安い点が大きなメリットでしょう。わずかな利回りを追っているのに、高い手数料を取られていたのでは、投資をしている意味がなくなります。投資で商品を買うなら、手数料が安いネット証券を利用するのが一番です。

私がお客さんにおすすめしているネット証券は、楽天証券、SBI証券、マネックス証券、株ドットコムの大手四社です。中でも商品数が多く、使い勝手がいいのは楽天證券とSBI証券です。

私はこの二社の回し者でもなんでもありませんが、わかりやすく工夫してつくってあると思っているので、初心者の方には、この二社をおすすめしています。

ネット証券は基本的に商品の勧誘をしませんから、「なにを買ったらいいか、わからない」と言う人もいます。しかし投資商品を選ぶのは、それほど難しくありません。リスクをどれくらい取るのか、ということで商品は変わってくるので、それに応じた商品を見つけ、あとは信託報酬率とよばれる手数料を見て選べばいいだけです。

選び方の詳細は152ページ以下で説明します。それでも不安だという人は、ファイナンシャルプランナーなどの専門家に相談しましょう。リアル店舗の銀行や証券会社にもファイナンシャルプランナーの資格を持った人がいますが、彼らだけに相談することはやめましょう。なぜなら、自社が扱う金融商品の販売のためにアドバイスする傾向があるからです。

専門家に相談する場合は、商品売買を扱っていない、アドバイス専門のファイナンシャルプランナーを選ぶことをおすすめします。相談する前に、商品売買を扱っているかどうか、確認するといいでしょう。

ファイナンシャルプランナーの相談料は、だいたい三〇分三〇〇〇円〜五〇〇〇円が相場です。

なお、どうしてもネットでお金のやりとりをするのはいやだという場合は、イオン銀行もしくは、りそな銀行をおすすめします。

イオン銀行や、りそな銀行は実店舗ですが、他の銀行や証券会社より手数料は低く抑えられています。商品数もまずまずそろっていて、選びやすいでしょう。ただし店舗によっては、投資の商品を扱っていないこともあるので、問い合わせをしてみてください。

†実際に、リスクが低い投資をやってみよう

投資をはじめるなら、つみたてＮＩＳＡを利用してみてはいかがでしょうか。毎日毎月など、定期的に少額から積み立てることができるので、「ドルコスト平均法」でリスクが分散できますし、少額から積み立てれば、生活資金に大きな影響はありません。

さらにつみたてＮＩＳＡなら、運用益が非課税なので、通常の積立投資信託よりも手にするお金が多くなります。

まずはつみたてＮＩＳＡに関する知識を身につけ、全体像を把握するところから始めてください。アマゾンで検索すれば、つみたてＮＩＳＡに関する本はいくらでもヒットします。一冊くらいは読んでおいてもいいと思います。

お金を使うのがいやな人は、ネット情報でタダで勉強できます。たとえば金融庁や日本証券業協会、日経、ダイヤモンドなどのサイトには、NISAやつみたてNISA、iDeCoについてやさしく解説されています。

また大手銀行や証券会社でも、ウェブで情報を提供しています。彼らの解説の情報は正確です。出所がたしかな情報として、おおいに活用しましょう。

いずれネット証券で投資を行うつもりなら、目当てのネット証券に先につみたてNISAの口座だけつくってしまう手もあります。口座をつくったからといって、必ずお金を入れなければいけないわけではありません。

ログインして、必要な情報を入手し、少し勉強してから、積み立て投資を始めても遅くないのです。

だいたいの概要がわかったら、つみたてNISAを始めてみましょう。まず、気に入ったネット証券でつみたてNISAの口座を開設します。口座開設には本人確認書類やマイナンバーが必要ですので、サイトの必要書類を確認しましょう。コールセンターに電話をしても、教えてもらえます。

投入する金額は最初は少額から。三〇〇〇円でも五〇〇〇円でも一万円でもいいと思います。たとえば毎月一万円を三%で運用できたと仮定すると、一〇年後には元本一二〇万円が約一四〇万円に、一五年後には元本一八〇万円が約二二七万円になっています。実際には、価格は変動するので結果は前後するかと思いますが、このようなイメージです。

そんなまどろっこしいことはしたくない。三%で運用できるとしたら、退職金を一気につぎこんだほうが、利益が大きいと考える人もいます。でも、今まで投資をしたことがない人が、いきなり大金を動かすと、精神的にひじょうに大きな負担が生じます。

投資に無理は禁物です。とくに大切な老後の資金を運用するわけですから、理論上は大金をつぎこんだほうが利益が大きいとしても、損するリスクもあります。不安になって、気持ちと体がついていかなくなるでしょう。

まずは少額で、不安にならないくらいの金額から始めるのが精神衛生上もいいと思います。

†投資信託には二種類あると覚えておこう

投資の初心者につみたてNISAがおすすめなのは、国がつみたてNISA向けに投資の商品を選んでくれている点です。一般的に投資商品、すなわち投資信託は六〇〇〇本くらいありますが、その中から金融庁がつみたてNISA向けに一七三本の商品を厳選しています（二〇一九年一〇月一日現在）。

選ばれた一七三本はいずれも金融庁が、長期の投資に向いていると判断されています。いわば国のお墨付きの商品なので、多くの商品は限りなく安心に近いといえます。私がつみたてNISAをすすめる理由もここにあります。

ではこの一七三本の中からなにを買ったらいいかですが、老後資金の運用ですから、できるだけ安全なものがいいでしょう。

ここでぜひとも覚えておいてほしいのは、投資信託には「インデックスファンド」（「パッシブファンド」と呼ばれることもある）と「アクティブファンド」の二種類があることです。

それぞれの特徴について、少し詳しく見ていきます。「インデックスファンド」は、インデックスと呼ばれる特定の指標に連動して値動きを目指すようにつくられた商品です。

たとえばインデックスには日経平均株価（東証一部上場の主要二二五銘柄の平均株価のこ

と）やTOPIX（東証一部上場の約二〇〇〇銘柄の平均株価）などの指標があります。ほかにも、アジアやアメリカ、ヨーロッパの市場の平均株価もあります。

これらのインデックスに連動するように目指してつくられているのが、「インデックスファンド」です。これらの指標はテレビや新聞、インターネットで公表されているのでその値動きからファンドの動向を大まかに捉えることができます。また、数百～数千の銘柄に投資しているので、幅広い分散投資が可能です。しかも、保有コストが比較的低いため、低コストで、市場全体に投資できることになります。

一方「アクティブファンド」は、日経平均などの指標を上回る利回りを目指すためにつくられた商品です。商品によって設計内容に個性があり、さまざまなものがあります。そのため値動きも大きくなることがあり、高い運用益が出ることもあれば、大きな損失を出す場合もあります。

高い利益がほしい方には「アクティブファンド」が魅力的にうつるかもしれませんが、「インデックスファンド」より「アクティブファンド」の運用益が上回ったのは三～四割しかありません。今のところ「インデックスファンド」の圧勝です。

しかも「アクティブファンド」はファンドマネージャーが業績予想や、株価の分析、市場の見直しをふまえ、通常の運用費用に調査費用が発生するため、「インデックスファンド」より商品を管理運用するための手数料、すなわち信託報酬が高いのです。「インデックスファンド」の信託報酬は商品によっては多少前後しますが、〇・一%〜〇・三%が一般的です。

一方「アクティブファンド」のほうは、信託報酬が一%を超えるものも多くあります。ですから証券会社や銀行は本音をいえば「アクティブファンド」を売りたいのです。実店舗で、営業マンからすすめられるのはだいたいがこの「アクティブファンド」といっていいでしょう（図表㉗）。

ある程度のリスクが許容できるという人なら、投資商品の一部を「アクティブファンド」にしてもいいかもしれませんが、大切な老後資金です。「アクティブファンド」は勝率が三〜四割と少ない上に、そこから高い手数料を取るので、割に合いません。個人的には「インデックスファンド」のほうをおすすめします。

ちなみに、私は一八年間、「インデックスファンド」の商品を基本として積み立ててい

【図表㉗】投資信託の種類

	種類	信託報酬（率）	運用期間
投資信託	インデックス型（パッシブ型）	0.1%～0.3%が一般的 0.6%ほどのものもある	長期 保有向け
	アクティブ型	1%以上	短期 勝負向け

※信託報酬料を見て判断しましょう

て、元金がほぼ倍近くになる程度の収益を得ることができています。

†投資商品を選ぶときは手数料に注目しよう

こうやってみてくると、老後資金を運用するのに適しているのは「インデックスファンド」をコツコツと積み立てていくこと。それもつみたてNISAの口座で、非課税のメリットを最大限生かせばいいことがわかります。

しかしややこしいのは、投資商品が、「インデックスファンド」か「アクティブファンド」かわかりにくいことがある点です。実店舗がある銀行や証券会社では、豪華なパンフレットをつくり、「インデックスファンド」「アクティブファンド」と明記していることもありますが、何度も述べているように、これらは信託報酬の手数料が高い、金融機関にとって有利な商品な場合が多いものです（豪華なパンフレットがその証拠です）。
一方、商品の宣伝をしないネット証券では、「インデックスファンド」「アクティブファンド」の区別はなく、商品がただ並列されている場合があります。その場合素人の方には、最初はなにを選んだらいいか、皆目見当がつかないでしょう。

そういうときは、信託報酬率と書かれている手数料のところの数字に注目してください。数字が〇・一〜〇・三％くらいなら「インデックスファンド」、一％前後なら「アクティブファンド」の商品だと判断してもよいでしょう。もし「インデックスファンド」を買いたいなら、信託報酬率〇・一〜〇・三％の商品を見ていきます。

〇・一％と〇・五％ならたいして違わないだろうと思う人もいますが、信託報酬の手数料は保有している間ずっとかかってくるので、長期で保有していると、大きな違いになってきます。

いかにコストを抑えるのが重要かがわかるでしょう。こうしたことにも注意して、できるだけ信託報酬の安い商品を選ぶようにしましょう。そして商品の中でも、日本と外国のインデックス（指標）を組み合わせたものを買っておけば、地域のリスクが分散できます。

もうひとつ気をつけたいのは、投資商品を購入するときの手数料です。信託報酬は商品を管理、運用するための手数料でしたが、それ以外にも投資商品は売買するときに、手数料がかかります。しかし商品の中には購入手数料を〇（ゼロ）にしているものもあります。これを「ノーロード」と呼んでいます。「ノーロード」のほうが、コストを抑えて購入できるのはいうまでもありません。

最近は「ノーロード」の商品が増えていますので、購入するさいは「ノーロード」かそうでないかを確認しましょう。ネット証券の場合、「ノーロード商品」をまとめて表示しているところもあります（図表㉘）。

†六五歳になっても長期投資には意味がある

つみたてＮＩＳＡと並んで、国が推奨しているのが、私的年金制度の「ｉＤｅＣｏ」です。「ｉＤｅＣｏ」は企業型確定拠出年金の個人版で、金融機関が提示したさまざまな投資商品の中から自分で商品を選びます。あとは毎月一定額を投資して、運用を金融機関にまかせ、六〇歳を過ぎてから、一括または年金方式で毎月受け取ればいいというものです。

【図表㉘】投資信託にかかる手数料

●信託報酬（保有している間かかる）
0.1～0.3%　インデックス型
1%以上　アクティブ型

●購入時手数料（購入するとき、かかる）
0円　ノーロード
＊最近はノーロードの商品も多い

●解約手数料（信託財産留保額、売るときにかかる）
商品によって異なる

NISAやつみたてNISA同様、運用益に税金はかかりません。その意味でつみたてNISAと似ていますが、iDeCoだけの特別なメリットがあります。

それは積み立てている金額（掛け金といいます）そのものが所得控除できるという点です。つまりiDeCoはダブルで税金の優遇が受けられるのです。これほど有利な積み立てをなぜやらないのか信じられません。

選択する投資の商品は、金融機関により様々です。多数扱うところもあれば、二、三しか扱わないところもあります。その中からローリスク、ローリターンのものを選んでおけば、間違いないでしょう。

ただし、iDeCoにはいくつか制約があります。

二〇一九年一二月現在では、

（1）六〇歳までしか拠出（積み立て）できない

（2）六〇歳まで解約できない

今後拠出も解約も年齢が上がる見込みですが、今の時点では、もうすぐ六〇歳の定年を控えているという人には「ｉＤｅＣｏ」ではなく、つみたてＮＩＳＡのほうをおすすめしています。つみたてＮＩＳＡなら、何歳からでも積み立てできますし、いつでも解約できます。

ただし、所得が高い人や自営業の人には積み立てる期間が短くても、ｉＤｅＣｏをおすすめする場合があります。ｉＤｅＣｏの拠出金（積み立て金）の上限は、職業や企業年金の加入状況などによっても異なりますが、自営業であれば最大で月六万八〇〇〇円。一年で八一万六〇〇〇円です。これがすべて所得控除できます。

すると所得税、住民税も安くなるので、それだけでもかなりの節税効果があります。

ではもう六〇歳になってしまった人、あるいは六〇歳を過ぎた人は、投資するメリットがないのでしょうか。そんなことはありません。つみたてＮＩＳＡを使って、投資をすればいいのです。

たとえば六五歳の人が一〇年間、投資商品で運用すれば、七五歳になった時に手元にあるお金が違ってきます。何歳であっても、長期投資をするメリットはあるのです。

とにかく、年齢にかかわらず気づいたとき、今すぐに「ｉＤｅＣｏ」またはつみたてＮＩＳＡで積み立てすることを検討してください。早く始めれば始めるほど、長期投資のメリットが受けられます。たとえば五五歳から始めれば、二〇年間積み立てて、まだ七五歳。三％で運用すると、元金はほぼ倍近くになっているはずです。

六五歳からでも一〇年から一五年くらいは積み立てることは可能です。三％を目安に運用すれば、資産の長生き化ができるでしょう。何歳になってもコツコツと地道に積み立てていくことが、老後の資産を守る鉄則です。

第四章のまとめ

□投資に対する〝食わず嫌い〟を改めよう。
□国が推奨するつみたてNISA、iDeCoには税制上のメリットがある。
□老後資金のための投資は、慎重に。少額から分散して行おう。
□一定額を積みたてて、時間を味方につけるやり方が一番おすすめ。
□投資をするなら、手数料の安いネット証券がおすすめ。
□つみたてNISAなら、金融庁が適格な投資商品を選別してくれている。
□ローリスクローリターンの「インデックス型」は信託報酬の手数料を目安に見つけよう。
□六五歳になっても一〇年積みたてれば、十分メリットがある。

第五章

介護・医療費をどう捻出するのか

†介護費用として三〇〇万円はみておこう

年をとると、食費や交際費も年々減っていくので、生活費は縮小できるだろうと考えがちですが、それは甘い考えです。年齢を重ねるほど、病気や怪我が多くなり、若いときより医療費がかかります。

さらに忘れてはならないのは、介護費用です。寿命が伸びるにしたがって、医療費と介護費用はダブルでかかってくると考えていいでしょう。

私のお客様にこんな例がありました。七〇歳の独身の女性ですが、六五歳まで銀行で働いたあと、趣味の海外旅行を楽しんだり、お琴を習い始めたりと、悠々自適の老後生活を送っていました。

ところが、家で靴下をはこうとして転倒し、大腿骨を骨折してしまったのです。高齢の親以外に肉親もいないので、頼る人もなく、すべてを自分で行わなければなりませんでした。

ある程度の蓄えがあったので、病院は東京タワーが見える個室に入り、リハビリもかねて一カ月ほど入院したところ、入院費や手術代などで二〇〇万円近くかかってしまいました。

さらに帰宅後は、体が自由に動けないため、終日ヘルパーを頼んだり、リハビリに来てもらったりして、月に数十万円単位でお金が出ていったというのです。

きわめつけは自宅をバリアフリーに改修する費用でした。あちこちリフォームしたら、四〇〇万円ほどかかってしまいました。医療費や介護費にこんなにお金が出ていくのかと、衝撃を受けたと言っていました。

介護や医療にかかる費用には公的な補助もあります。全額を負担しなければならないわけではありませんし、この方のようにぜいたくをしなければ、費用を抑えることもできます。

それでも昔に比べて長生きになっているので、医療や介護が必要な期間は長くなっている、つまりそれだけお金もかかると考えておいたほうがいいでしょう。

とくに介護費用は、死ぬまでずっとかかり続けるお金です。民間の生命保険会社で算出されている介護費用の自己負担分がどれくらいかというと、だいたい一カ月四〜五万円というところが多いようです。

かりに一カ月五万円の介護費用が必要だとして、一年間で六〇万円。要介護状態になってから、亡くなるまで平均五年ほどと言われているので、トータル三〇〇万円が介護費用として必要だということです。


しかし、これは最低の金額と思っていていいでしょう。というのは、今は長寿化が進んでいるので、介護期間が五年以上に伸びる可能性がありますし、施設に入居することになれば、そのための費用もかかります。

特別養護老人ホームといった公的な施設に入れば、費用は安く抑えられますが、順番待ちですぐには入所できないところもあります。一方、民間の施設や有料老人ホームは入りやすいかわりに、入居金だけで何千万円もかかるところがあります。

ですから自分の場合は、どこまでお金をかけるのか、かけるべきところとかけられないところは、しっかり区別しておいたほうがいいでしょう。

†まずは地域包括サービスセンターに連絡する

自分自身や親のことで介護に困ったり、介護が必要になってきたりしたら、どうしたらいいのでしょうか。

まずは、なにはともあれ「地域包括センター」に相談することです。これは各地域に必ず設置されている公的な機関です。役所に聞けば、自分の地域を管轄するセンターを教えてもらえますし、ネット検索することもできます。

センターに相談すると、「要介護認定」を申請するようアドバイスされます。これは公的な介護支援を受けるために必要な申請です。申請をすることで、要介護度がどれくらいか判定され、それによってどんな支援が受けられるのかが決まります。要介護度によって費用の自己負担分も決まります。

また「地域包括センター」では、認知症の予防のしかたや介護費用のこと、高齢者の権利についてなど、さまざまな相談に乗ってくれます。「要介護認定」を申請するほどではない場合でも、気軽に相談に行っていれば、いざというとき、すぐに対処ができます。

「要介護認定」の区分ですが、軽いものから順番に「要支援1・2」「要介護1・2・3・4・5」になっています。ちなみに、公的な施設である特別養護老人ホームに入居す

【図表㉙】介護保険の支給限度基準額（在宅サービスの場合）

区分	支給限度基準額	利用者負担額（1割負担の場合）
要支援1	5万30円	5003円
要支援2	10万4730円	1万473円
要介護1	16万6920円	1万6692円
要介護2	19万6160円	1万9616円
要介護3	26万9310円	2万6931円
要介護4	30万8060円	3万806円
要介護5	36万650円	3万6065円

※厚生労働省「居宅介護サービス費等区分支給限度基準額及び介護予防サービス費等区分支給限度基準額」より

るには「要介護3以上」であることが条件になります（図表㉙）。

この申請書を「地域包括センター」を通じて、市区町村の役所に提出するのですが、このさい、申請書には主治医の氏名を必ず記入しなければなりません。あとで「要介護認定」を行うさいに「主治医の意見書」が必要になってくるからです。かかりつけの主治医がいない場合は、「地域包括サービスセンター」に相談すれば、地域の専門医を教えてくれます。

申請書を提出すると、後日、調査員が自宅を訪問して、本人の要介護度がどれくらいか、様子を調査します。申請してから「要介護認定」が出るまでに一カ月程度かかりますので、「明日からすぐヘルパーさんに来てもらいたい」といった切迫した状況にはなかなか対応できません。ある程度余裕を見て、申請することが大事です。

なお、「要介護認定」を申請すると、介護保険の支給対象となって、さまざまな介護サービスが受けられます。しかし申請して「要介護認定」を受けていないと、いくら介護が必要な状態になっていても、介護サービスは受けられないので、注意してください。

介護保険で受けられるサービスには、(1)自宅で受けられるサービス、(2)施設で受けられるサービスがあります。おもなサービスには次のようなものがあります。

(1)自宅で受けられるサービス

・訪問介護　ヘルパーさんが食事や入浴、排泄といった身体的な介護と、家事や買い物などの生活支援を行う。
・訪問入浴　身体が不自由でも、特別な浴槽を自宅に持ち込み、入浴ができる。
・訪問看護　看護師が身体状況の確認とケアで自宅を訪問する。
・訪問リハビリ　理学療法士などの専門家が自宅でリハビリを行う。

（2）施設で受けられるサービス

・デイサービス　デイサービスの施設で食事や入浴、レクリエーションなどのサービスを受ける。

・デイケア　病院や老人保健施設（三〜六カ月限定で介護やリハビリを行う病院と自宅の中間的な施設）で介護やリハビリのサービスを受ける。

・ショートステイ　特別養護老人ホームや病院、老人保健施設に短期間、宿泊する。

（3）地域密着で行われているサービス

・小規模多機能型居宅サービス　ひとつの拠点でショートステイやデイサービスが受けられる。

・認知症対応型通所介護　認知症に対する専門的なケアを行う。デイサービスやグループホーム（おもに認知症の人が入る施設）に通って、さまざまなサービスが受けられる。

（4）その他のサービス

・福祉用具のレンタル　手すりや車いすなどをレンタルできる。
・住宅のリフォーム　バリアフリーや手すりの取り付けなど、自宅で生活するために必要な改修費の一部が補助される（通常一～二割が自己負担）。

†「ケアマネ」に注意。満足いかないときは交代も

「要介護認定」で要介護度が決定すると、ケアマネージャーを決めなければなりません。ケアマネージャーは「地域包括センター」が決めて派遣してくれることもありますが、地域によっては介護事業者のリストの中から自分で選ばなければならない場合もあります。また、「この方をお願いします」と指名できるところもあります。

自分で選ばなければならないときは、高齢者がいる家に聞いてみたり、近所で評判がいい事業所を探してみたりするなど、ある程度のヒアリングが必要かもしれません。最初は自宅に近いところに頼んで様子をみてもいいでしょう。

ケアマネージャーが決まればどんな介護サービスが必要か、本人や家族と相談しながら、ケアプランをつくることになります。

ケアプランの内容は、ケアマネージャーによってさまざまです。介護される人や家族に寄り添った現実的なプランが立てられる人だといいのですが、中にはその人に合わないプランを立てるケアマネがいないわけではありません。

というのも、ケアマネージャーには、歯科医や鍼灸師、整体師もなれるため、得意分野以外は十分に考慮されないこともあるからです。ケアマネージャーの制度ができたばかりのころ、要介護者がいる家庭の状況がわからない人がプランを立てるケースが多々あって、問題になったことがあります。

今はかなり改善されているはずですが、それでも、「このケアマネはうちの生活状況がよくわかっていない」とか「相性が合わない」といった問題が出てきたら、遠慮せずに「地域包括センター」に相談してみましょう。

†支払った介護費用の一部が戻ってくることも

「要介護認定」を受けて介護サービスを利用すると、自己負担はかかった費用の一割（所得によっては二～三割）ですみます。しかし介護する人がいなくて、ヘルパーさんを頻繁に頼まねばならなくなったとか、訪問看護を何度もお願いしたなどの理由で介護費用がか

【図表㉚】「高額介護サービス費支給制度」を利用しよう

自己負担の上限（月）	対象
4万4400円（世帯）	現役並み所得者（課税所得145万円以上）に相当する人がいる世帯の人
4万4400円（世帯）	世帯内の誰かが市区町村税を課税されている人
1万4600円（世帯）	世帯の全員が市区町村税を課税されていない人
2万4600円（世帯）	老齢福祉年金を受給している人
1万5000円（個人）	前年の合計所得金額と公的年金収入額の合計が年間80万円以下の人
1万5000円（個人）	生活保護を受けている人

かり、自己負担分が思わぬ金額にはねあがってしまうこともあります。

その場合、自己負担分が一定以上を超えると、超えた分だけ払い戻される制度があります。これを「高額介護サービス費支給制度」と言います。あまり知られていない制度で、利用できるのにしていない人もいるのではないかと思われます。

世帯の所得によって、自己負担分の上限額が異なりますので、図表㉚を参照してください。

たとえば、世帯の中で全員が住民税を課税されていない場合、世帯全体で月額二万四六〇〇円以上の自己負担をしていたら、超える分は戻ってきます。自己負担で月に一〇万円、介護サービスの利用料を支払ったとしたら、七万五四〇〇円はあとから戻ってくるわけです。

支給の対象となる人には、自治体から申請書が送られてきます。ぜひ忘れずに申請するようにしてください。

†有料老人ホームには「住宅型」と「介護付き」がある

年を取ってくると、体のあちこちが不自由になり、介護する側にも負担がかかってきます。そのため「子どもには迷惑をかけたくない」と、老人ホームへの入所を考える人も増えてくるでしょう。

老人ホームには公的なものと民間のものがあります。公的な施設である特別養護老人ホームは、施設や設備がきちんとしていて、費用も安く抑えられているのですが、希望者が多く、順番待ちになっているところが多いようです。

また条件として「要介護3」(立ち上がったり、歩いたり、食事や排泄などすべてにおいてつねに誰かの援助が必要な状態)以上が必要ですので、「一人で暮らすのがちょっと不安だ」という程度では入所できません。

一方民間の老人ホームは「要介護度」に関係なく、入所することができる施設が多いようです。ただしここで注意しなければならないのは、民間の有料老人ホームには「住宅型有料老人ホーム」と「介護付き有料老人ホーム」の二種類があることです。

「住宅型」は原則として、自立して身の回りのことができる人。つまり元気な人が対象になります。さまざまなアクティビティを実施しているところもあり、仲間づくりができる楽しさはありますが、病気になったり、介護が必要になったりしたときは、施設を出なければならない場合があります。自分のニーズにマッチするのか、事前に確認が必要です。

「介護付き」の老人ホームは、要介護になっても利用し続けることができます。最近は看取りまでやるところも増えているので、終の住処にするつもりなら、最初から「介護付き」を選んでおいたほうがいいかもしれません。

入居金は〇円から一億円を超えるところまで、それこそピンキリです。月々の費用も十数万円のところから一〇〇万円超というところもあります。自分の経済状態に合わせて、慎重に選びましょう。

長寿化が進んで資金が底をつき、九〇歳を超えてから、老人ホームを出なければいけないという例も聞いています。余命は多めに一〇〇歳までを見積もって、月々にかかる費用のトータルを計算しておくことをおすすめします。

事前に体験宿泊できるところもありますので、そうした機会もフルに利用してください。見学のさいには、豪華な設備に目を奪われてしまいがちですが、施設に入っている人の表情や職員の様子などに注意しましょう。高い入居金を払ってしまってから、「こんなはずではなかった」と後悔しないようにしたいものです。

†事前に後見人を指名しておくと、認知症になっても安心

年を取って、頭もぼけてくると、自立した生活が難しくなります。いよいよ施設への入所が現実味も帯びてくるのです。「そういうときは、マイホームを処分して、そのお金を入居金に当てればいいや」と思っている方も多いでしょう。

ところが自分がぼけてしまい、配偶者もいない場合、マイホームを売ろうとしても簡単には売れないのをご存じでしたか？　いったん認知症と診断されてしまえば、昔は「禁治産者」という言い方もしましたが、自分では財産管理ができない者とみなされて、家の売

買ができないのです。

だいたい八五歳を過ぎると、急に認知症の率があがってきます。そうなる前に、早めにマイホームを処分して、施設へ入所するための資金の算段をしておいたほうがいいでしょう。それができないときは、自分の子どもや信頼できる知人を後見人に指名しておくこともひとつの手です。


ふつう後見人というのは、まだ判断力がない子どもに対して、大人が後見人になることを言います。しかし老後に頼む場合は成人している人を対象にしているので、「成年後見人制度」と呼んでいます。

この「成年後見人制度」には本人が完全に判断力がなくなってしまってから、家庭裁判所が後見人を選定する「法定後見人」と、本人がまだ頭がしっかりしているうちに、後見人を選ぶ「任意後見人」があります。

子どもや知人に後見人になってもらいたい場合は、「任意後見人制度」を選ぶことになります。しかし、ただ口約束だけで、後見人を指名できるわけではありません。

後見人契約を結び、公正役場に行って、公正証書を作成して初めて後見人として認められるのです。

後見人になると、預貯金の管理や解約、不動産の処分などができます。ただし、後見人が勝手に横領できないよう、後見人を監督する任意後見監督人が家庭裁判所で選任されます。

後見人に対しては無報酬でもかまわないのですが、任意後見監督人には、定められた報酬が必要です。管理する財産の額によって、だいたい月に一万円〜数万円かかることもあります。

知り合いで九億円の資産がありながら、配偶者も子どももいないお年寄りがいました。こういう方はやはり財産が心配ですので、月数万円のお金を払って、きちんとした後見人と任意後見監督人を選んでいたそうです。そのほうが、のちのちのためにも安心だと思います。

†医療費で必ず知っておきたい「高額療養費制度」

老後生活に入ると、病気や怪我が気になります。病院通いが増えて、医療費の負担も大きくなるのでは、と不安になる人がいますが、日本は公的な医療制度が充実しているので、それほど心配することはありません。

医療費の自己負担額は、七〇歳未満は三割、七〇歳を超えると原則二割、七五歳以上は原則一割ですみます（※ただし年収三七〇万円以上は、七〇歳以上でも三割負担）。しかも、月初から月末までの自己負担額が一定の額を超えると、超えた分は「高額療養費制度」によって戻ってくるのです。

自己負担の限度額は年収によって異なりますので、図表㉛を参照してください。たとえば、六五歳で年収三〇〇万円の人が病気になった場合、医療費にいくらかかっても、払うお金は一カ月五万七六〇〇円ですみます。

六六歳のある人が病気にかかり、一カ月間入院してしまいました。高い薬も使用したために、医療費が総額一五〇万円以上かかったそうです。退院の前に請求書を見たときは、青ざめたそうですが、結果的にその人が負担したのは五万七六〇〇円でした。月をまたがなかったため、「高額療養費制度」を申請したおかげで、それだけの負担ですんだわけです。

【図表㉛】高額療養費制度の自己負担額

■70歳未満の場合

	適用区分	1か月あたりの自己負担限度額
1	年収約1160万円以上	25万2600円＋（総医療費－84万2000円）×1%
2	年収約770万～約1160万円	16万7400円＋（総医療費－55万8000円）×1%
3	年収約370万～約770万円	8万100円＋（総医療費－26万7000円）×1%
4	年収約370万円以下	5万7600円
5	住民税非課税	3万5400円

※厚生労働省保険局「高額療養費制度を利用される皆さまへ」より

■70歳以上の自己負担限度額（平成30年8月診療分から）

<table>
<tr><th></th><th>適用区分</th><th>外来（個人ごと）</th><th>1か月の上限額</th></tr>
<tr><td rowspan="3">現役並み</td><td>年収約1160万円以上</td><td colspan="2">25万2600円＋（総医療費－84万2000円）×1%</td></tr>
<tr><td>年収約770万～約1160万円</td><td colspan="2">16万7400円＋（総医療費－55万8000円）×1%</td></tr>
<tr><td>年収約370万～約770万円</td><td colspan="2">8万100円＋（総医療費－26万7000円）×1%</td></tr>
<tr><td>一般</td><td>年収150万～約370万円</td><td>1万8000円（年14万4000円）</td><td>5万7600円</td></tr>
<tr><td rowspan="2">住民税非課税等</td><td>Ⅱ住民税非課税世帯</td><td rowspan="2">8000円</td><td>2万4600円</td></tr>
<tr><td>Ⅰ住民税非課税世帯（年金収入80万円以下など）</td><td>1万5000円</td></tr>
</table>

※厚生労働省保険局「高額療養費制度の見直しについて（概要）」より

先に、いったん医療費を全額、医療機関に払わなければならないですが、ともかくいくら医療費がかかろうと、自己負担額以上は支払わなくてすむというのが「高額療養費制度」です。

たとえば七〇歳以上で住民税が非課税であり、年金収入が八〇万円以下の世帯だと、支払う医療費は一カ月たった一万五〇〇〇円ですみます。この制度を知っていれば、高い保険金を払って、医療保険に入るのがバカらしくなります。

ただし、注意点があります。「高額療養費制度」の対象になるのは、あくまで健康保険の対象となる治療です。保険外の治療や差額ベッド代、食事代などは対象となりません。高額な個室代や、自由診療で受けた医療費は対象となりませんので、注意してください。

†「持病があっても入れます」は割高な保険

「高額療養費制度」を知っていれば、高い医療保険が必要ないことがわかります。そもそも老後になれば、医療保険も含めて、新しく保険に入る必要はほとんどありません。

保険には大きくわけて「医療保険」「死亡保険」「貯蓄性」の三種類があります。このうち「貯蓄性」はわざわざ保険で貯蓄しなくても、つみたてＮＩＳＡやｉＤｅＣｏなど、もっと有利なもので貯めていけばいいでしょう。

また「死亡保険」は若いときなら残された家族に必要ですが、老後であれば自分の葬式代くらいしか用途はありません。葬式を盛大にやりたいのなら別ですが、今はだいたい葬式を一〇〇万、二〇〇万くらいですませようとする人がほとんどでしょうから、改めて「死亡保険」に加入しなくても、貯金から当てれば十分でしょう。

「医療保険」は、何度もふれたように、「高額療養費制度」を利用すれば、それほど高いものに入る必要はありません。医療保険がなくても、貯金から十分まかなえるでしょう。

ただし、「高額療養費制度」はあとから医療費が戻るので、いったんは窓口で医療費を支払わなければなりません。貯蓄が心もとないという人は、あらかじめ「限度額適用認定証」の交付を受けると、一月の支払いが自己負担上限までですみます。加えて、医療保険に入っておいてもいいでしょう。

また、がんや心臓、脳疾患など、いわゆる特定疾患といわれる大きな病気にかかったときは、保険外の治療を希望する場合もあります。そういうときに備えてがん保険や三大疾病保険など特定疾患向けの医療保険には入っておいたほうがいいと思います。

なお、「持病があっても入れます」という「医療保険」は、リスクの高い人を集めているので、割高な保険です。通常なら五〇〇〇円くらいの掛け金の内容を、八〇〇〇円とか一万円取って販売していると思っていいでしょう。

毎月一万円を医療保険に払うのなら、それを貯金に回せば、一年で一二万円貯まります。二年で二四万円、五年で六〇万円になります。持病があると不安になってしまうのはわかりますが、割高な保険料を払うくらいならその分を貯金しておくほうが賢明かな、と私は思います。

では、保険料が安い共済系の「医療保険」はどうでしょうか。共済系の保険の特徴は若い人でも高齢者でも掛け金が一律という点です。総体的に見て、若い人には損で年を取っていれば得になる仕組みです。

しかしある程度の年齢になると、保障額が減らされてしまう点に注意してください。たとえばこくみん共済のシニア医療保障タイプでは、七〇歳を過ぎると入院費が一日一五〇〇円、手術をしても一円もお金が出ません。

一〇日入院しても一万五〇〇〇円しか出ない保険に、毎月二五〇〇円の掛け金を払って入っているメリットがあるのか、という問題です。

いずれにしても、共済系の保険は、それだけでまかなおうとすると、保障が十分ではありません。補助的に入る分にはいいですが、メインになる保険ではないと思います。

†面倒でも保険の約款には目を通しておこう

補足になりますが、医療保険について、ちょっと述べておきます。先日、こんな例を聞きました。六七歳の独身女性の話です。その人は祖母も母親も従姉妹も乳ガンで亡くなっている家系で、自身も乳ガンのリスクをおそれていました。

そこで若いときから生命保険に加入し、ガン特約もつけていました。その人に最近、乳ガンが見つかったのです。

初期でしたので、すぐ手術して五日ほどの入院をへて、退院。彼女が入っている保険では、がんで手術をすれば一〇〇万円、入院は一日一万円が出るはずでした。さっそく保険金を請求しようとしたところ、ガンとは認められず手術費や入院費は出なかったというのです。

「こういうときのために若いときから、ずっと払ってきたのに、あの保険料はなんだったのでしょう」と、その方は怒っていました。なぜ、彼女の乳ガンは保険の対象ではなかったのか。

それはその人が結んだ保険契約の中身が、粘膜の上皮内にできた「上皮内ガン」は保険の対象外となっていたからです。上皮からさらに浸潤していれば、保険金は出たのですが、彼女のガンはごく初期だったため、対象外となってしまいました。

今は「上皮内ガン」でも、ガンとして認めるのがスタンダードになっています。しかし、昔は保険の掛け金を安くする分、「上皮内ガン」を対象からはずすものもあったのです。

こうした細かい規定は、保険に入るとき、説明を受けているはずですし、約款にも書かれています。しかしおそらくその人は理解していなかったのではないでしょうか。こういう齟齬はよく起きます。

保険を扱う代理店の人間は必ず説明しているはずですが、お客さんによってはよく聞かない方もいます。やはり保険は契約ごとですので、両方に責任があります。「知らなかった」「聞いていなかった」ではすみません。自分も責任を持って約款を理解しておくのが、当然とみなされるのです。

第五章のまとめ

□介護費として三〇〇万円はみておく。
□困ったら地域包括サービスセンターに連絡してみよう。
□介護保険を使って介護サービスを受けるには「要介護認定」が必要。
□ケアマネージャーは気に入らなければ相談してみる。
□高額の介護費がかかったときは「高額介護サービス費支給制度」が使える場合もある。
□費用が安い特別養護老人ホームは「要介護3」以上でないと入れない。
□任意後見人を決めておくと、認知症になっても安心。
□医療費には「高額療養費制度」が使えるので、自己負担分は少なくてすむ。
□シニア向けの保険は割高。その分を貯金に回したほうが得。

第六章

相続対策をしておこう

†相続を〝争族〟にしないために

相続でもめるケースが、ニュースやネットでもよく話題になります。しかし「うちは相続するほど財産がないから大丈夫」と思っている方が多いのではないでしょうか。実は相続でもめるケースで一番多いのが、「相続するほど財産がない」と言っている家なのです。

たとえば、東京の下町にあるマンションで、三年にわたって管理費が滞納されている部屋があります。部屋の所有者である高齢の女性が亡くなったあと、娘と息子の二人が唯一の財産である3DKのこの部屋の相続をめぐって、激しく対立しているからです。

互いに「もしかしたら相手のものになってしまうかもしれないマンションの管理費など払えるか」と管理費の支払いを拒否しているので、滞納額は一〇〇万円を超えてしまいました。マンションの管理にも少なからぬ影響が出始めているそうです。

こんなふうに、自分が死んだあと、身内だけでなく周辺までまきこんだ相続争いになってしまうのは、みっともない話です。そうならないためには、事前に家族と話し合い、争いをさけるためにも遺言状をつくっておいたほうがいいでしょう。

よくあるのが、ただの口約束ですませてしまうことです。「家は長男にやるかわりに、墓の面倒をみてほしい。預貯金や株は長男と次男で半分ずつ分けなさい」などといったアバウトな話では、トラブルの種をまくようなものです。

何を、誰に、どんな形で残すのか、きちんと文書にして残しておいたほうがいいでしょう。公証役場に出向いて、公正証書をつくるのが一番たしかですが、そこまで大げさにしなくても、少なくとも日付と自筆の署名を入れた遺言状はつくっておくべきです。

遺言状の中身は以前は自筆の手書きでなければ認められませんでしたが、二〇一九年の相続法の改正により、今は最後に自筆の署名があれば、本文はパソコンで打ったものでも認められるようになりました。

高齢になって、手書きが困難になったり、書いた字が判読しづらくなったりした場合でも、パソコンで遺言状の作成ができるので、便利になったと言えます。ただし、署名だけは自筆の手書きのものが求められます。

なお遺言状に日付がないと、正式なものとは認められません。日付は新しいものが有効ですので、状況が変わるようなら、つくり直してもかまいません。正月や誕生日ごとに新しい遺言状をつくる人もいます。

作成した遺言状は、自宅で保管してもかまいませんが、盗難や火災、紛失などのリスクもあります。今は法務局に保管申請すれば、預かってもらえるようになりました。


また、遺言状とは別に、保険や銀行口座、クレジットカード、各種引き落としの情報などもまとめて書いておくといいでしょう。とくにネット銀行やネット証券と取引きしている場合は、紙に残しておかないと、残された人が手がかりをつかめません。

知り合いの女性は、まだ四〇代のご主人を心筋梗塞で突然亡くしてしまいました。まったく予想外の出来事でしたので、ご主人は銀行口座や保険等の大事な情報を、ほかの人にもわかるように残していなかったのです。

さらに大変なことに、ご主人は外国人でした。海外に持っている銀行口座や保険の情報は日本では把握しようもなく、闇に消えてしまった財産が少なからずあったようです。

こんなことにならないためにも、「もしものとき」に残された家族がわかるように、大切な情報は書き留めておいたほうがいいでしょう。今は、簡易な「エンディングノート」が販売されています。こうしたものを利用すると、もれがなく、わかりやすく記入ができます。

✝介護した親族もお金を請求できる

平成一九年に相続法が変わりました。私たちに大きく関係がありそうなのは次の二点です。

（1）配偶者居住権が認められたこと

今までは、遺産相続のために、家を売却して、お金にかえなければならない場合などに、配偶者が住む家を出なければならないことがありました。改正された相続法では、配偶者の居住権が認められています。

たとえば夫名義の家に住んでいた妻が、家の所有権を相続せず、長男が相続したとしても、終生、無償でその家に住み続けることができる（これを配偶者居住権といいます）のです。これによって、自分が死んだあと妻が家の相続ができなくても、すぐに家を追い出される心配はなくなりました。

（2）介護や看病をした親族は金銭の請求ができる

今までは法律的に認められた相続人（法定相続人）以外は、遺産の請求ができませんでした。たとえば長らく、献身的に自分の面倒をみてくれた親族がいても、その人が法定相続人でない場合、遺産を請求することはできなかったのです。

遺産相続のさい、今まで実家に寄りつきもしなかった子どもやその配偶者たちが突然やってきて、自分たちの権利を主張し始めることがよくあります。長く故人の介護や面倒をみてきたのに、相続権のない親族の方は、やりきれない気持ちになるでしょう。こうしたことも、〝争族〟の原因になったりしていました。

しかし、新しい相続法では、亡くなった人への貢献度を認めています。無償で介護や看護をした法定相続人ではない親族、たとえば嫁や相続権のない甥や姪といった親族が、金銭の要求ができるわけです。

この場合、「無償で」というところと「親族」というところがポイントになります。プロの看護師やヘルパーが、「私も介護をしたから、遺産がほしい」と金銭を要求することはできません。あくまで、親族に限られます。

ともあれ、高齢化がますます進む世の中で、献身的に介護してくれた人への正当な評価

【図表㉜】相続できるのは誰？　その順番は？

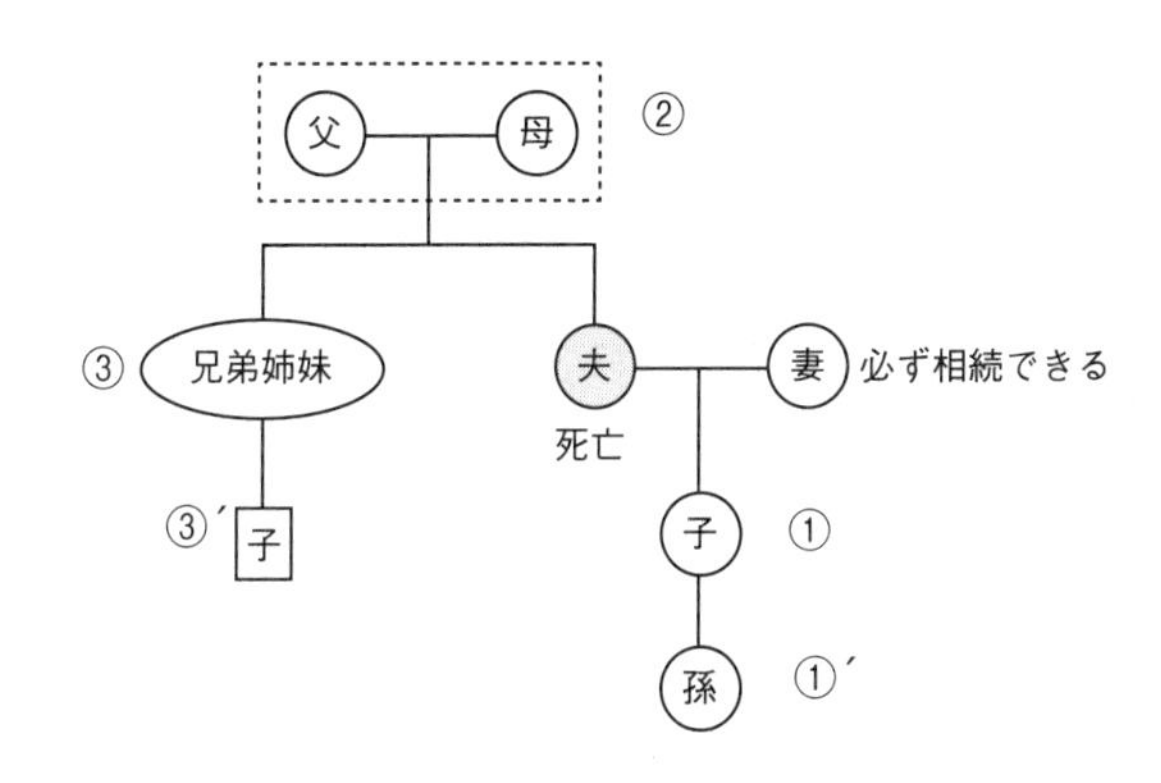

＊子どもが死んでいる場合は、その子どもが「代襲相続」できる
＊相続の順位が高い人がいる場合、その後ろの順位の人は相続できない

が認められるようになったことは、救いになったと思います。

配偶者や子にどれくらい残るのか

遺産が相続できる法定相続人は、故人に配偶者や子どもがいるかどうかで、法定相続人の範囲や相続できる遺産の割合が違ってきます。

まず相続できる人ですが、故人の配偶者は必ず相続できます。次に相続できるのは子どもですが、子どもが亡くなっていて、その子ども（つまり故人から見て孫）がいる場合は、孫が代わりに相続できます。これを「代襲相続（だいしゅう）」と言います。

配偶者はいますが、子どもがいない場合

【図表㉝】誰がいくらもらえるのか

残された遺族	配偶者	子	故人の親	故人の兄弟姉妹
配偶者・子	1/2	1/2		
配偶者・親	2/3	—	1/3	—
配偶者・兄弟姉妹	3/4	—	—	1/4
配偶者のみ	1	—	—	—
子のみ	—	1	—	—
親のみ	—	—	1	—
兄弟姉妹のみ	—	—	—	1

は、故人の親が相続できます。親がいない場合は、故人の兄弟姉妹が相続できます。兄弟姉妹が亡くなっていて、その子どもがいる場合は代わりに「代襲相続」ができます（図表㉜）。

では、その遺産の取り分ですが、配偶者と子どもがいる家庭では、それぞれ遺産を均等に半分に分けます。つまり配偶者の取り分は二分の一、子どもは二分の一。子どもが二人いれば、子どものそれぞれの取り分は四分の一ずつで、計二分の一になります。子どもが三人いれば、子どもの取り分はそれぞれ六分の一ずつになります。

一方、子どもがいない夫婦の場合、故人の親が生きていれば、配偶者が三分の二、

【図表㉞】遺産の遺留分はどれくらい？

残された遺族	配偶者	子	故人の親	故人の兄弟姉妹
配偶者・子	1/4	1/4	—	—
配偶者・親	2/6	—	1/6	—
配偶者・兄弟姉妹	1/2	—	—	—
配偶者のみ	1/2	—	—	—
子のみ	—	1/2	—	—
親のみ	—	—	1/3	—
兄弟姉妹のみ	—	—	—	—

親が三分の一を受け取ります。

しかし両親とも亡くなっていれば、配偶者と故人の兄弟姉妹で遺産を分け合うことになります。この場合、配偶者が四分の三、兄弟姉妹は四分の一になります。誰がどれくらいもらえるか、表にしましたので、参考にしてください（図表㉝）。

こうした法律的な決まりがあるにもかかわらず、遺産相続では、「遺産は全額、町に寄付する」とか「すべての財産を次男に譲る」といった遺言状が残され、トラブルになることがあります。

そのため、法定相続人には必ずもらえる「遺留分（いりゅうぶん）」という取り分が認められています。たとえば、配偶者と子どもは合わせて二分の一の遺留分を主張できます。配偶者と子どもが二人いたら、それぞれ六分の一ずつを受け取る権利があるのです。

なお、遺産の遺留分については、故人の兄弟姉妹は認められていません（図表㉞）。

†相続の流れをおさえておこう

ここで遺産相続の流れを簡単におさえておきましょう。遺族がやることを、時系列で説明します。

（1）死亡届を提出する（七日以内）

立ち会った医師から「死亡診断書」と「死亡届」がもらえますので、「死亡届」に記入して、近くの役所に提出します。これは亡くなった日から七日以内と定められています。葬儀を行うさいには「死亡届」が必要ですので、ほとんどの遺族が亡くなった日か翌日には届けをすませているようです。

（2）年金や健康保険を停止する（一〇日～一四日以内）

亡くなった人が加入していた厚生年金や国民年金、国民健康保険の資格喪失手続きを行います。厚生年金は亡くなってから一〇日以内、国民年金、国民健康保険は一四日以内です。年金の手続きは社会保険事務所や市区町村役場で、国民健康保険の手続きは市区町村役場で行います。

（3）公共料金、NHKの受信料、スポーツジム会費などの解約

これらは放っておくと、いつまでも請求が行われます。私が聞いた話では一人暮らしの母親が亡くなって空き家になっていたのに、死後三年間にわたってNHKの受信料が支払われ続けていた、ということがあったそうです。

ガス、電気、水道の解約までは思いついても、NHKの受信料やインターネット、携帯電話の利用料金、クレジットカードの会費、さらにはスポーツジムやサークルなどのいろいろな会費までは思い至らないことがあります。

細かいお金ですが、何年にも渡れば、ばかにできない出費になります。いまお話したNHKの受信料が支払われ続けていたケースでも、引き落とし専用の、遺族が知らない預金口座があり、残金が少なくなって引き落としができなくなったことから、督促状が届いて、

初めて受信料の事実が発覚したということです。

こうした洩れを起こさせないためにも、事前に「リビングノート」などで、支払先の一覧を残しておくことが大切です。

(4) 相続放棄をする(三カ月以内)

故人に借金がある場合は、借金も相続の対象になります。そこで、故人の財産を、借金も含めてすべて放棄するのが相続放棄です。

相続放棄をしたい場合は、相続開始を知ってから三カ月以内に家庭裁判所に相続放棄の手続きを行います。ポイントは、「亡くなってから三カ月以内」ではなく、「相続開始を知ってから三カ月以内」という点です。

たとえば、小さいころに別れて音信不通になった父親に借金があって、債務者が相続人である息子のもとに、突然あらわれる、などということもあります。「亡くなって、もう三カ月以上たっているから、相続放棄もできませんよ」と言って脅す例もあったそうですが、あくまで「亡くなったのを知った日から」が基準になります。

(5) 相続税の申告をする (一〇カ月以内)

相続税の申告は、亡くなった日の翌日から一〇カ月以内です。これを過ぎると、故人と一緒に住んでいた不動産の評価額が八〇%軽減されるという特例措置が受けられなくなるだけでなく、追徴課税を課せられることになります。

まずは遺言状の有無を確認して、もし見つかったら開封せずに、家庭裁判所に持ち込むのが、のちのちのトラブルを防ぎます。家庭裁判所の手続きには一カ月以上かかる場合もあるので、余裕を持って対処しましょう。

遺言状がない場合は、相続人全員で話し合い、「遺産分割協議書」をつくります。全員の合意が必要ですので、相続人があちこちに散らばっている場合は、時間がかかります。

また申告に必要な書類をそろえるのに、予想以上の時間がかかると思ってください。隠し子がいる場合もありますので、相続人すべてを明らかにするために、故人が生まれてから死亡に到るまでの連続した戸籍謄本が必要になります。とくに故人があちこちに移転していた場合は、すべての場所の戸籍謄本が必要なので、かなりたいへんな作業になります。

さらに相続人全員の印鑑証明書や遺産分割協議書の写し、故人のマイナンバーカード、健康保険証など、そろえる書類はたくさんあります。

こうした書類を整えた上に、不動産や株、投資信託などがあれば、評価額の計算も必要です。一〇カ月という限られた時間しかありませんので、税理士や司法書士など専門家にまかせたほうが安心な場合もあります。プロでも申告書類を整えるのに四、五カ月かかることがあるので、直前になってあわてないよう、早めに動き出しましょう。

なお、相続税の申告をすませたら、すぐに相続税を納めてください。

（6）相続が決まったら行う

相続が確定したら、名義の書き換えを忘れないうちにすませておきましょう。預貯金の名義変更は金融機関で、株は証券会社、不動産の名義書き換えは法務局で行います。

よくあるのは、夫名義の家を妻が相続したものの、名義変更をせずにそのままにしておくケースです。不動産の名義変更をしなくても、別に罰則はありませんが、妻が亡くなり、さらに相続人である子どもも亡くなって孫の代になると、相続人の数はどんどん増え、ますます名義変更が複雑になってきます。

中には何代も前から名義変更が行われず、そのままになっている土地や家もあります。こうした不動産は、ぼうだいな数の相続人が存在しているので、すべての相続人に連絡をとって、名義書き換えの協議を行うことは不可能です。

　日本中に増えている空き家問題なども、こうした事情が背景にあるだろうと思われます。孫や子孫の代に負担を残さないためにも、名義の書き換えはすみやかに行ったほうがいいでしょう。

第六章のまとめ

□相続争いを避けるには、日付入り、自署名の遺言書をつくっておこう。
□保険や銀行口座、クレジットカード、各種引き落とし情報をまとめておこう。とくにネット銀行、ネット証券と取引きしている場合は要注意。
□残された配偶者は配偶者居住権を主張できる。
□介護や看護をした親族も金銭の要求ができる。
□遺言状の内容にかかわらず、法定相続人は一定の遺産がもらえる遺留分がある。
□相続放棄は亡くなったのを知ってから三カ月以内。
□相続税の申告は一〇カ月以内。それを過ぎると、特例措置が受けられなくなるだけでなく、追徴課税も課せられるので、早めの対処が必要。

おわりに

昨今のニュースでは、老後二〇〇〇万円問題、年金財政検証による所得代替率減少の予想、出生数の低下、進む高齢化など、私たちの将来を不安にさせる話題が次々と出てきています。さらに年金受給開始年齢を上げる検討が始まったとか、年金の繰下げ受給可能年齢が上がるなどを聞くと、「年金財政が大変なのだろう、自分たちは年金をもらえるのだろうか」、そんな不安を感じた方も数多くいらっしゃることでしょう。

確かに将来の年金制度については、確実なことは言えません。ですが、年金という制度自体がなくなることはないでしょうし、長寿社会となった今、年金受給開始年齢や繰下げ受給の上限年齢を引き上げる話が出ることは、そう不思議な話でもありません。

過度におびえることなく、今できることを知ってしっかりと取り組んでいくということが、先行きが見えにくい老後に向けての一番の対策です。

本書では、読者のみなさん一人一人が必要な対策を考えられるように、年金制度のことや自分に必要な老後資金の計算の方法、それをふまえて今からできる老後資金の準備や、生活の整え方などをまとめました。

　老後二〇〇〇万円問題が報道されましたが、受け取る年金額も、生活にかかる費用も個別に違います。ですから、一律にみんなが二〇〇〇万円ないと老後暮らせないという話ではありません。

　ですから、本書を読んで、「自分はだいたいいくらあると、老後暮らしていけそうだ」と目途を立ててみてください。そうするだけで、これからやるべきことが違ってきます。

三〇〇〇万円、四〇〇〇万円、またはそれ以上の高額な老後資金が必要な見込みが出た人は、しっかりと生活費の圧縮に取り掛かってください。今と同じ暮らし方では、貯蓄からの補塡（ほてん）額が多すぎるということです。できるだけ受け取る年金月額に近づいた金額で暮らすことができたなら、それほど高額な老後資金を準備する必要はなくなります。

　それでもある程度自己資金は必要です。会社から退職金は出るのでしょうか。企業年金には入っていませんか？　その金額や受け取り方も、考えておきたいことです。

　将来入りそうなお金では不足するとか、入りそうなお金がないという場合は、自分でコツコツ積み立てていくことが大切になります。そのために、私的年金制度として国は「iDeCo（個人型確定拠出年金）」を作りましたし、非課税制度を活用した「つみたてNI

SA」も作りました。これにより、多くの人は「投資」に関心を持つようになったと思います。

ですが投資初心者が多く、お金を投じるとどうなるかわからないという恐怖心を持つ人も多くいます。そういった方々が、本書で様々な誤解を解いていただけたら、という思いでもいます。

また、長く働くことも老後生活には有効です。今では再雇用制度を導入している会社も増えていますし、定年後の人材を募集している企業もあります。現役のように必死に働くというよりは、足りない分を働いて補う程度でよいのです。

今からできる対策や、実際老後に入ってからでもできることを知ると、今抱えている不安は少し軽減するのではないでしょうか？　超高齢社会に突入している日本で暮らすには、ムダな支出を切り落としたり、働いたり、運用を続けたりなど準備を整えることを考えるべきだと思うのです。

本書を手に取り、お読みいただいた皆さんとともに、私も老後を迎えていきます。その時に備えて、私が今取り組んでいることは、皆さんにお伝えしていることと同じです。

最後になりましたが、本書の発行にあたりたくさんの方のご協力をいただきました。ライターの辻由美子さん、筑摩書房編集部の羽田雅美さんには、たくさんのお力添えをいただきました。深く感謝いたします。また、最後まで本書にお付き合いいただいたみなさまにも、感謝いたします。共にがんばってまいりましょう。

二〇二〇年一月

横山　光昭

図版作成＝朝日メディアインターナショナル株式会社
編集協力　　辻　由美子

ちくま新書
1476

長い老後のためのお金の基本
――年金・貯金・投資がわかる

二〇二〇年二月一〇日　第一刷発行

著者　横山光昭（よこやま・みつあき）

発行者　喜入冬子

発行所　株式会社　筑摩書房
東京都台東区蔵前二-五-三　郵便番号一一一-八七五五
電話番号〇三-五六八七-二六〇一（代表）

装幀者　間村俊一

印刷・製本　三松堂印刷　株式会社

ISBN978-4-480-07286-3 C0236

ちくま新書

1274
日本人と資本主義の精神
田中修
日本経済の中心で働き続けてきた著者が、日本人の精神から、日本型資本主義の誕生、歩み、衰退の流れを様々な資料から丹念に解き明かす。再構築には何が必要か？

1276
経済学講義
飯田泰之
ミクロ経済学、マクロ経済学、計量経済学の主要3分野をざっくり学べるガイドブック。体系を理解して、大学で教わる経済学のエッセンスをつかみとろう！

1305
ファンベース
——支持され、愛され、長く売れ続けるために
佐藤尚之
「ファンベース」とは、ファンを大切にし、ファンをベースにして、中長期的に売上や価値を上げていく考え方である。今、最も大切なマーケティングはこれだ！

1312
パパ1年目のお金の教科書
岩瀬大輔
これからパパになる人に、これだけは知っておいてほしい「お金の貯め方・使い方」を一冊に凝縮。パパとして奮闘中の方にも、きっと役立つ見識が満載です。

1340
思考を鍛えるメモ力
齋藤孝
メモの習慣さえつければ、仕事の効率が上がるだけでなく思考が鍛えられる。基本のメモ力から、攻めのメモ力の技術、さらに大谷翔平等から学ぶ「鬼のメモ力」とは。

1427
川上から始めよ
——成功は一行のコピーで決まる
川上徹也
企業の「理念」や「哲学」を一行に凝縮した、旗印となる「川上コピー」。あらゆるビジネス、プロジェクトの成功には欠かせないフレーズを、どう作ればいいのか。

1458
図解でわかる会社の数字
——株価を動かす財務データの見方
花岡幸子
財務3表の見方から経済指標の意味まで、株式投資や就職の前に知っておきたい会社の数字の読み解き方をすべてネコで図解。この一冊で、会社の実力を見抜く！